普通高等教育经管类专业"十三五"规划教材

互联网思维与创业

薛万欣 裴一蕾◎主 编

田 玲 李丹丹◎副主编

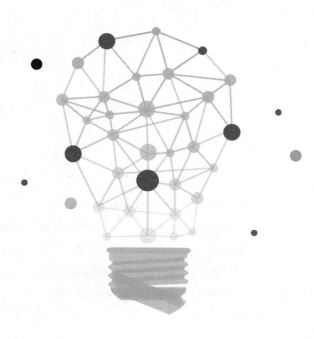

清华大学出版社

北 京

内 容 简 介

本书主要介绍了互联网思维与创业的基础知识和理论，总结了互联网创业的基本流程和方法，内容涵盖用户思维、简约思维、迭代思维、社会化思维、大数据思维、平台思维、"互联网＋"思维等互联网思维及其应用于创业的方式。书中结合互联网新思维与创业方面的真实案例，帮助学生更好地掌握互联网思维与创业的要点与原则，从而激发学生的网络创新精神，促进学生开拓互联网创业、就业和全面发展的新思路，培养互联网时代的创新型人才。

本书强调案例式教学，突出实践能力的训练，可作为高等院校创新创业相关课程的教材。

图书在版编目(CIP)数据

互联网思维与创业 / 薛万欣，裴一蕾主编 . —北京：清华大学出版社，2021.1（2025.7重印）

普通高等教育经管类专业"十三五"规划教材

ISBN 978-7-302-57013-4

Ⅰ.①互…　Ⅱ.①薛…②裴…　Ⅲ.①大学生－创业－高等学校－教材　Ⅳ.① G647.38

中国版本图书馆 CIP 数据核字 (2020) 第 238027 号

责任编辑：崔　伟
封面设计：周晓亮
版式设计：方加青
责任校对：马遥遥
责任印制：杨　艳

出版发行：清华大学出版社
　　　　网　　址：https://www.tup.com.cn，https://www.wqxuetang.com
　　　　地　　址：北京清华大学学研大厦 A 座　　　　邮　　编：100084
　　　　社 总 机：010-83470000　　　　邮　　购：010-62786544
　　　　投稿与读者服务：010-62776969，c-service@tup.tsinghua.edu.cn
　　　　质 量 反 馈：010-62772015，zhiliang@tup.tsinghua.edu.cn
印 装 者：三河市天利华印刷装订有限公司
经　　销：全国新华书店
开　　本：185mm×260mm　　　　印　　张：12.75　　　　字　　数：225 千字
版　　次：2021 年 1 月第 1 版　　　　印　　次：2025 年 7 月第 7 次印刷
定　　价：42.00 元

产品编号：083272-01

前　言

互联网发展之快，早已让人应接不暇。在"互联网+"时代，传统商业模式已经被新商业模式所取代，互联互通的网络让信息和资本可以快速地在社会各类要素间流动，大大降低了创业的成本和维度。在"互联网+"时代，只要拥有互联网思维，有创意，有魄力，有实现梦想的信念和动力，就能实现互联网创业。本书着眼于此，力求通过对"互联网+"时代互联网思维的深入挖掘，为学生在互联网思维与创业方面提供可以借鉴的方法，开拓学生的互联网创业思维。

本书将实用性、创新性、系统性相结合，具有以下特色。

强调案例式教学

本书每章都以案例开始，引导学生了解、分析实际问题，总结相关经验，通过探究式学习和合作式学习，提高学生对互联网思维与创业的感性认知和深入思考能力。

每章最后设置案例分析模块，分享互联网新思维与创业方面的真实案例，供学生课后思考、分析与提升，开拓学生的思维。

突出实践能力的训练

本书根据每章的理论知识，设计实践训练环节。通过实际操作，引导学生向自主式学习和体验式学习转变，培养学生的互联网创业意识和创新精神，提高其互联网创业能力。

本书由北京联合大学创新创业教育中心育人团队（市级高校优秀本科育人团队）骨干教师编写，具体分工如下：第一章、第九章由薛万欣编写；第二章、第三章、第四章由裴一蕾编写，第五章、第六章由李丹丹编写，第七章、第八章、第十章由田玲编写。全书由裴一蕾统稿。为方便教学，本书提供配套教学课件，下载网址为 http://www.tupwk.com.cn。

本书的编写得到清华大学出版社编辑的大力支持。在编写过程中，我们参阅了许多与互联网思维、互联网创业相关的教材和案例，在此一并表示衷心的感谢！由于编者水平所限，书中疏漏之处在所难免，恳请读者朋友批评指正。

编　者

2020年11月

目　　录

第一章
互联网思维与创新

奈雪の茶创立于2015年，隶属于品道餐饮管理有限公司。该品牌以20～35岁年轻女性为主要客群，创新打造"茶+软欧包"的形式，坚持茶底4小时一换，软欧包不过夜的品质保证原则。2019年7月，奈雪の茶入选"中国茶饮十大品牌"。

在风起云涌的新中式茶饮领域，奈雪の茶为何能够脱颖而出，成为购物中心争抢的"香饽饽"？

该品牌创始人彭心拥有多年互联网从业经验，她的互联网思维对品牌走红有着不可忽视的帮助。从产品研发、门店落地，到市场推广，奈雪の茶都拒绝按常理出牌，而是以颠覆传统的互联网思维"降维攻击"竞争对手。奈雪の茶始终坚持直营，拒绝加盟。对奈雪の茶而言，更重要的是做好品牌，一步一个脚印走扎实，确保每家门店的款品都是精品。

奈雪の茶每家门店都由国际知名设计师设计，在基本风格相似的前提下，根据所处环境进行创新设计，做到"连锁不复制"。如广州万菱汇店强调分享，而正佳店营造的则是梦幻、浪漫的氛围。此外，产品也是不断"上新"，在保证门店超过20个固定产品的基础上，奈雪の茶持续每月推出一款新品。奈雪の茶还非常注重经典产品的升级与迭代，每隔一段时间，大约三个月，最多半年，奶盖的薄厚、芝士的比例都会有所调整，这样做的目的是能够满足口味不断变化的消费者的需求。

奈雪の茶每一杯新品都需要经过研发部门无数的测试与改进，形成标准的甜度与冲调比例。研发人员曾经为了研发一款茉莉绿茶，花费了4个月的时间。一遍遍地尝试就是为了寻找那种恰到好处的味觉体验，这种偏执也让奈雪的产品在茶饮市场上一骑绝尘。

关于做到极致，就不得不提到"奈雪杯"。彭心发现贡茶、星巴克等品牌使用的都是很粗的杯子，女生握起来不太方便，于是，她从女性用户的体验出发，以手的握度尺寸打样，改良成现在的瘦高杯。这种杯子瘦长，握起来方便，同时还能显得份量多。现在市场中，这种杯型成为很多商家模仿的对象。

身为奈雪の茶的首席产品经理和首席体验官，彭心在决策时始终从自身出发，站在了女性消费者的视角上，在模式、产品、环境上不断创新，从一点一滴的细节入手，贴近和满足女性消费者的真实需求，从而收获了她们的追捧。运用互联网思维，持续创新，是奈雪の茶立于不败之地、走上一个个新台阶的基础。

(案例来源："RUC电子商务创新创业案例"微信公众号)

学习
目标

- 能够掌握互联网思维的含义及存在的意义。
- 能够清晰界定社交效应的内涵与外延。
- 能够知晓互联网思维的相关理论。
- 能够了解利用互联网思维成功创新的案例。

第一节　互联网思维概述

互联网思维是传统商业的终结与重塑。

随着互联网时代的到来，商业领域的沟通正以数字化的速度得以实现。在这个信息化、网络化的世界里，随着社交媒体的兴起，人与人之间相互连接，形成了一个庞大的社会网络，人们可以在这个网络中充分互动。无论是企业还是消费者，每个人的一言一行都可以或大或小地改变经济运行轨迹。互联网的发展，使得传统企业面临冲击，甚至被颠覆，传统企业在重构，兴衰、胜负、生死都将重新来过。这些变化与发展要求企业领导者必须具备互联网思维，以负责任的态度经营企业，才会为企业带来诸多机会，消费者也才会支持这样具有正确价值观的企业。技术的变革正在重塑社会和人类行为，技术改变了学习、分享和交流的方式。变革最终影响并改变着我们的个人世界和专业领域，人类关系、人际关系、商业、教育、媒体、政府和企业，都在这一变革之列。

一、互联网思维简介

(一) 互联网思维的特点

随着互联网技术的逐步发展，越来越多的商业形态受到互联网的冲击，当这种冲击不断加深和变革不断加剧的时候，互联网就不再仅仅是一种技术，而是逐渐演变为一种思维范式，也就是互联网思维。互联网思维一词是2013年中国互联网领域的首要词汇，已然成为了一个时代的命题。基于互联网下的产业发展、消费行为变迁，是对整个企业商业模式的重新考虑，对内部管理体系、业务流程的再造和升级，这是一项系统工程，其背后贯穿的是一整套新的商业思想。

1. 互联网思维是新商业时代的产物

和君集团合伙人赵大伟在其作品《互联网思维——独孤九剑》一书中对互联网思维的定义是：互联网思维，是指在(移动)互联网、大数据、云计算等科技不断发展的背景下，对市场、用户、产品、企业价值链乃至整个生态进行重新审视的思考方式。

中国互联网元老田溯宁表示，未来的企业要互联网化，每家企业都要有互联网思维。在未来不用互联网方式来思考问题，就没有办法在社会上展开竞争。

2. 互联网思维是现在一切商业思维的起点

在互联网时代，传统企业面临的最大挑战是基于互联网的颠覆性挑战。为了应对这种挑战，传统企业首先要做的是改变思想观念和商业理念。要敢于以终为始地站在未来看现在，发现更多机会，而不是用今天的思维想象未来，仅仅看到威胁。

互联网正在成为现代社会真正的基础设施之一，就像电力和道路一样。即互联网不仅仅是用来提高效率的工具，而是构建未来生产方式和生活方式的基础设施。

3. 商业思维是一种民主化的思维

在互联网时代，消费者同时成为媒介信息和内容的生产者和消费者，通过买通媒体单向广播、制造热门商品诱导消费者行为的模式已不成立，生产者和消费者的权利发生了转变，消费者主权的时代真正到来。"以人为核心"的互联网思维，将是新商业时代的指导思想。

这个时代是传统商业时代的终结，这个时代更是新商业时代的启蒙，新的商业时代，企业通过成为客户社交网络的一部分，来满足他们的需求。社会化媒体教会企业如何更好地将用户思维发挥到极致。它将打开市场，也能打开思维，更能让一切变得简单。互联网思维不是因为互联网才产生的，而是因为互联网的发展，使得这些思维得以集中爆发。互联网思维，不能说是多么新鲜的理念，它恰恰是一种回归，使得商业回归人性。互联网技术发展和商业形态演变，使得这种"以人为本"的商业理念突显出不容忽视的价值。

4. 互联网思维是一种颠覆性思维

互联网思维裹挟"颠覆"浪潮席卷而来，从我们身边一件又一件的"颠覆"案例来看，互联网正在不折不扣地重构着原有的商业秩序，互联网思维也在掀起一波又一波的创业浪潮。

(二) 互联网思维的内涵

互联网思维的核心是投资收益率(return on investment，ROI)，它解放了销售空间、销售人员，使产业从劳动密集型向知识密集型转移。

1. 互联网思维的基本思维模式

美国学者戴夫·柯本(Dave Kerpen)等在《互联网新思维》一书中提出了六种思维模式，可以比较明确地指出互联网思维的内涵。

(1) 用户思维。用户思维强调倾听消费者心声并加强与消费者的交互，打破企业与消费者之间的疆界，实现商业民主化。在这个密切相连、由社交媒体驱动的互联网时代，公司已经不能平庸度日了，必须充分关注自己的用户，树立"用户至上"的思维和理念。而消费者也掌握了主动权，愿意参与其中，与企业共同实现商业的民主化。

(2) 简约思维。简约思维强调从产品到服务，力求专注于简单。了解人类的本性对于向顾客传递满意是至关重要的，在一个淹没在饱和的产品种类、充斥着广告和连续媒体流的环境中，简单可为消费者节省时间与费用，这就是竞争优势，是一种不可估量的力量。

(3) 迭代思维。迭代思维突出快速反应、快速满足消费者千变万化的需求的敏捷开发。消费者不会停滞不前，同样，企业也不可能一成不变，一个具有快速适应能力的企业能够满足消费者千变万化的需求。在移动互联网时代，企业不可能固守最初的产品和所提供的服务。

(4) 服务思维。服务思维强调提供惊喜服务并为客户提供非凡的体验，让客户感到愉悦，愉悦就是营造一种非凡的客户体验。

(5) 社会化思维。社会化思维强调以社交媒体为平台，透明而扁平化。社会化商业时代的到来，其核心是互联网，公司面对的消费者以互联网的形式存在，这将改变企业生产、销售、营销等整个形态，社交媒体成为企业与消费者之间沟通交流的平台，信息正以前所未有的速度传播，隐藏信息是不可能的。

(6) 平台思维。平台思维强调开放、共享、共赢的思想，即把企业打造成一个开放的、多方共赢的生态圈。这个企业的平台不仅要成为企业与消费者、供应商等联系的平台，还要成为员工发挥最大潜能的平台，甚至是一片属于他们自己的微创新、微创业的小天地。

2. 互联网思维的实现

(1) 倾听。从说服到倾听，找到客户所关心的，而非企业认为重要的。

(2) 参与。打破与用户之间的界限，实现消费民主化。

(3) 客户价值链。打破"以客户为中心"的全渠道体验，线上线下高度一致。

(4) 简单。让客户的生活简单到极致。

(5) 快速迭代。细微处着手，快速反应。

(6) 非凡的客户体验。给客户想要的一切，营造非凡的客户体验。

(7) 透明和扁平化。做一家真正透明的企业，利用社会化媒体不断分享企业的产品、服务、理念等，得到更多客户的认可。

(8) 社会化协作平台。搭建平台，让企业成为员工发挥最大潜能的平台。

以上六大思维模式与八个原则相互呼应，形成一个清晰的互联网思维的内涵。这不是传统意义的互联网思维，而是经过了进一步的迭代和颠覆。

二、互联网思维的载体

(一) 社交网络

只有融入新的网络消费模式，我们才能懂得人类网络行为对商业的影响；只有专注地研究，我们方可建立有效的沟通方式，进而获得高效的社交网络经验。通过发掘客户的需求，企业可以超越旁观者的地位，成为消费者群体的一部分。

如今人们的生活方式已经发生了巨大的改变，依靠移动设备能够随时随地实现连通。人与人交往的方式也已全然发生改变，社交网络成为互联网思维的载体。

1. 社交媒体

消费者在社交媒体上获取商品或服务信息的百分比不但表明这些人在购物之前是如何搜索相关信息的，而且表明了他们与朋友和家人的互动。可见，人们通过互联网联系了起来，社交媒体成为收集和分享各种信息的集散地。

今天的消费者以他们特有的方式和规则在行动，他们在互联网上分享体验，这些信息的分享，构成了当今品牌的新内涵，更是消费者的自我品牌和生活形态的折射。社会化媒体的普及将人与人连接起来，消费者的影响力通过信息传播而实现，这使得今天的消费者地位更高。

　　企业必须以消费者为中心来组织协调用户需求，这种运营模式将是未来经营的核心原则，即适应型商业。换言之，在未来的商业社会中，企业的运营模式好坏并非取决于它是否能触及消费者，而是取决于企业能否以社会化媒体中的消费者为中心进行运营。由于市场上出现了新一代的消费者，因此塑造品牌的方式已经与往日完全不同。今天的企业运营目标必须以赢得消费者的关注为中心，从而提升企业价值，企业的品牌、产品或服务必须能够在消费者之间建立起情感的、知性的联系。所以，今天的品牌内涵已经与往日不尽相同，品牌由消费者创建，企业必须意识到消费者从根本上是企业的合作伙伴，而不仅仅是消费者本身。

2. 关系脉络图

　　如今，社交网站所展示的关系脉络图可以展现人们日常维系的人际关系。社会人际关系中的一个个节点，集合成社交网站的关系脉络图；对于许多人而言，网络社交行为本身也提供了一种归属感。人与人被互联网不断拉近，社交科技使人们团聚在一起。人们通过社交网站所形成的相互关联，以及用户在网络互动上倾注的大量时间、精力，统统为社交网站注入了不容忽视的价值。

　　各种各样的媒体竞相抢夺公众注意力，还赋予了用户掌控信息的权利。以往的大众性的消费和信息传播的时代日渐式微，情景体验式营销日益强大。人们在社交网站上建立的关系及这种关系的性质，决定了信息的流动路径。今天的媒介已经成为一种平台，而社交网站用户则身兼信息拥有者和发布者两重身份，这些用户的虚拟社会关系体现出信息发现的特征，也划定了信息在其社交脉络图中游走的线路。

3. 社交效应

　　所谓社交效应，是指全球范围内信息在人之间迅速传递的能力，并在传递过程中建立起人与人之间新的社会关系。转发、分享和评论等行为造就了具有庞大能量的"社交效应"(social effect)。我们所处的时代，是消费者深度社交化的时代，人们逐渐发现自己才是真正决定社交网络价值的人。社交媒体中信息的分享和消费行为相当于个体间的一种社会化交易，这些行为为人们之间的信息传递和相互学习提供了舞台，也为社交网络的构筑及发展打下了坚实的基础。

　　社交网络中的消费者不再第一时间向搜索引擎求助，而是转向了自己的社交网站。

未来，社交网站将成为个体的私人领地，它将各类信息和人脉关系聚集在一起，人们依赖好友关系在社交网络中获得知识、娱乐，以及进行商业活动。

(二) 社交经济

在社交网络中，人与人之间的关联度逐渐增强。

1. 通过关系细分找到消费者

在社交网络中，摆在用户面前的信息都是被细分关系网中的用户遴选、验证过的。因此，许多企业和媒体发现要想提高流量和转化率，盲目将用户引入传统网站的做法已经不合时宜。要想更好地抓住互联网消费者的注意力，内容必须是以市场/客户为导向的，必须与客户直接对话，让客户体会到一切产品与服务都是为他们量身定做的。

2. 通过个性化服务吸引用户

随着人们对语境信息、信息个性化和信息关联化需求的日益增加，仅仅靠内容取胜的时代已经终结，而信息的语境化则取而代之成为企业参与消费者社交网络时至关重要的因素。网友们塑造了社交网络，正是他们通过分享的情绪、行为、责任和想法塑造了社交网络中的各类体验。

现在社交网络中的消费者更加清醒、有主见，试图吸引网络中消费者的企业和媒体必须确保消费者的每一次点击是源于语境的相关性和恰到好处的价值内涵。这一要求改变了内容生产和吸引用户的规则，虽然转化不易，但这是企业在社交网络中进步与落后的分水岭。

如果从认知行为的角度来看，以社交网络消费者的兴趣为指标遴选出的特定的社交关系网络信息，往往与消费者本人的关系更为密切。

(三) 社交转向

人际关系源于人脉，并由语境缔造。语境，即意味着内容的关联度；用户的每一次体验都是社交图谱中个性互动的结果。因此，企业的未来将由网友所分享的体验及随之建立的高效信息网络所决定。

作为社交网络中的消费者，其状态的更新、社交信息流的活动、信息流中流动的内容都以一种独一无二的方式呈现在其好友面前。用户的每一次分享都会通过其社交脉络图变成私人广播网络，用户的每一次言论都会传递给很多他未必认识的人，这与新闻媒体发布信息的方式不无相似。网络社交的前景是"一对一"发布与更多的"一对一再一对多"模式。

企业必须有意识地把网络社交活动导向最有利的方向；同时，将用户进行细致地划分，即用户在企业所属关系网中的价值。社交化网络中的消费者已经开始逐渐进化为洞悉网络动态的联网消费者。

(四) 细分关系网与兴趣图谱

1. 与消费者深入交流

社交网络用户通过管理不同群体的界限来保护自己的隐私，通过设备或网站的设置，用户决定联系谁，分享什么内容，在别人心中塑造什么形象。这样一来，隐私可以避免为大众所掌控。与此同时，企业就必须研究细分各类关系网，学会如何为细分的关系网注入有价值的信息。

细分关系网和兴趣图谱代表了未来网络社交与商业之间的关联性，认识微观参与度的价值，将传递出宏观层面的收益。从这个独特视角，企业可以深入了解网络消费者的交流、协作模式，以此实现有目的的营销。

2. 提升信息流动效率

由于信息流动的速率与社交网络的结构紧密相连，因而只有用户之间互联和互动的模式有所改进，才能进一步提升效率。同样，企业的未来也取决于其与社交网络消费者之间的关联度，关联度越强，信息到达最终消费者才越有效率。

消费者之间的信息通路在塑造兴趣图谱的过程中，加快了通过有效信息找到目标消费者的过程，也促进了社交网络消费者分享的内容到达各自感兴趣的群体。企业可以通过不断加强与用户之间的连接，强化这些重点关系网，进而提升每一个互粉消费者的体验。

3. 有利于形成社交网络

社交网络和移动网络的相似性取决于我们如何培养、定义联系人。企业应致力于经营社交网络的人际关系，改进信息流动的方式。

社交网络中的社交图谱，也就是我们关注、互粉的网友们所组成的关系网，越来越接近现实生活中的人际关系网。

在兴趣图谱的年代，网友围绕他们感兴趣的话题和事件不断扩张或者收缩自己的圈子；而未来，社交网络会逐渐演变为一种焦点型关系网，在这个网络中，人们更重视与好友分享信息，用户处于体验中心，塑造着私人生态系统。

(五) 下一代信息网络

社交网络中的消费者是未来信息系统的缔造者。这个信息系统现在引起越来越多企业的重视，其地位在未来将更加凸显。虽然品牌和媒体业务有其专有网络和销售渠道来控制信息流，建设和维护企业原有网站等系统依然重要，但由社交网络消费者编织的社交网路与兴趣图谱却是未来所有企业业务流转的命脉所在。

1. 改变传统行业模式

新一代网络以惊人的速度发送、接收信息，建立起一个高效的人际关系交换机和关系网络，使相关联信息的分享、再分享的速度和精准度都远超于电话网络、电视网络、移动通信网络、应急通信网络和Web网络。

社交媒体确实在改变、记录并创造历史，它向曾经所向披靡而如今困顿的行业发起一场革命。如新闻行业，新闻不再是报道出来的，而是"推"出来的，这就是人际关系网络的效率、爆发力和影响力，每一次新的上传，社交图谱都会转化为一个组织严密的信息发布系统。未来，所有媒体都将根植于读者的参与，其价值将通过对相关网站的贡献度、合作度及间接关系的相关度来度量。

2. 信息推送更精准

社交网络中的用户自有系统要求其关注和培养各自的网络关系以获取信息牵引力并建立拥有共同兴趣的群体。信息在社交网络自有系统中的传播速度大于其他任何网络，信息只需要一些关键点的传播就能传达给大众。

任何个人或组织机构都可以通过网络选择信息传递渠道，加入合适的社交网络，从而引导信息流向目标听众。

第二节　互联网思维产生的基础

一、影响力

(一) 影响力的定义

影响力是改变或使某人或某事发生变化的能力，即一个人或一件事情用强有力的手段去改变某人或某事。

(二) 影响力的作用

如果影响力是导致某事变化或改变的能力，那么影响力可通过它所导致的结构或程度来衡量。

1. 意见领袖

如果企业希望通过网络中的达人来触及目标客户，最直接的方式是通过社交信息流来达到目的，即寻找意见领袖。意见领袖似乎是企业市场营销中的法宝，如果成功发挥其影响力，就会使品牌和目标客户之间建立直接的联系。品牌通过参与与客户之间的互动，就能触发有针对性的行为和反应；借助预设的网络访问路径，品牌就能激发有意义的体验，并产生可以测量的营销目标。

社交媒体达人为企业提供了新的商机，如果企业与客户之间有彼此都非常信赖的达人作为中介，企业就可以比以前更容易参与顾客之间的互动。由于社交媒体中的个体之间是相互联系的，因而信任度、权威性及好友关系等因素也随着所传播的信息一同被用户接收。如果某条信息来自一个备受崇敬的意见领袖，那么信息会变得更有价值。在社交网络中，意见领袖可以是在某一特性主题下的专家、潮人、好友等。

2. 个人价值

社交网络用户的一大特征，是不断分享自己的足迹、经验和思想。社交网络属于社会学学科，很多因素都在不断发生着变化，而企业的口碑也在这些因素的影响下不断变化。虽然这些衡量服务水平的个人分享和评价难以真正体现一个企业的价值，但每个个体的评价分数仍具备参考意义。

由于社交网络中的影响力是建立在因与果基础上的，因而企业必须要理解信息在社交网络中传播的方式、社交网络的关系动态、社交网络中的层级，以及如何衡量这些事物。只有理解了这些，企业方可辨识出那些真正有价值的客户，从而扩大受众群体，与更多的网友建立联系，得到预想的收益。

企业可以在社交网络中通过与消费者进行相互连接来吸引他们的注意力，这种连接关系不仅可以把信息直接传递给目标受众，还可以让企业处于一种被信任的地位。企业可以通过管理网络信息并且持续地参与互动来赢得消费者的信任。

3. 体验正向社会化发展

品牌若拥有与消费者在社交网络中建立起感情连接的能力，那么它将有能力与消费者建立网络纽带，并使这一网络发展壮大，并培育消费者的忠诚度和拥护度。

在社交网络中，关联消费者的核心在于相互联系，他们的行为会在自己的社交图谱中来回激荡，并碰撞出火花，最终影响到与之相互关联的网友的行为。如果商家能够激发出他们的这种行为，就可以将这些人在社交图谱中与网友们的相互对话转化为购买行动。

在社交网络中，企业需要迎合关联消费者，因为这对消费者和品牌有益。企业走进消费者中间，如果价值主张足够吸引人的话，企业就可以将一笔交易转换成未来的很多笔交易。

随着互联网技术的发展，任何人都可以在社交网络中建立自己的账号，而生活在众目之下也成为一种新的生活方式，两者的结合推动了关联消费主义时代的来临。如果在关联消费主义之上添加个性化、自我系统、社交图谱及兴趣图谱的话，企业就可以在社交商业、信息到达中提升影响力。

二、决策环

(一) 决策环的含义

基于对网络消费者的消费决策进行的研究，形成了决策环模型。这个模型显示出，消费者频繁地接触他们感兴趣的产品信息，随之采取行动，然后分享或好或坏的体验。

(二) 决策的过程

整个决策过程可以分为如下四个重要阶段。

1. 成型阶段

成型阶段，是指引发客户兴趣的某事或某时，以及关联消费者在脑海里想到的最初选择。

2. 交易前阶段

在交易前，客户基于最初所考虑的选项，通过各种研究来验证最初的选择。在此阶段，商家可以发现一些新的商机。

3. 交易中阶段

当消费者做出购买决策的时候，整个消费过程便已开始。此时会出现一些新的客户接触点，企业可以由此介入来影响消费者的体验。

4. 交易后阶段

通过整个交易过程，消费者会与产品建立联系，但联系的紧密程度取决于消费者的忠诚度和拥护度。

无论是主动还是被动的关联消费者，都会在"决策环"中分享体验。因此，企业必须在交易之前及之后确保消费者所分享的体验能够让网络中的其他消费者感到受益和被回馈，这就是品牌塑造影响力的秘诀。

(三) 决策过程中企业的应对措施

整个决策过程可以归结为：消费决策来自情感冲动，如果消费者将逻辑和信息考虑在内，消费者就会将不同程度的情感归类于不同的品牌。因此，品牌务必致力于参与消费者之间的互动，提供个性化协作。

1. 明确企业定位

在与社交网络有关的商业活动中，推动购买决策的真谛在于品牌承诺、产品价值主张和差异性、换位思考和积极引导，这三者必须与实际的商业活动相结合。企业在纸媒体、数字媒体、展示媒体、社交媒体或者其他类型的新媒体上发布的信息，乃至销售代表的言论都必须高度一致地展示企业定位，从而使消费者可以把来自不同媒体的信息连接起来，以了解企业。

2. 细分市场

如今，商业行为正变得越来越复杂，其根源在于消费者越来越个性化，每个人都有自己的诉求，而不同以往简单、被动地接受企业产品。针对这种情况，企业需要构建出新的架构，成就以满足消费者需求为核心的新型企业。构建新架构的前提就是消费者细分，即要求企业能够辨别传统客户、在线客户，以及相互连接的细分客户在内的三类客户的需求。此外，企业还要分清细分市场中客户的需求。

借用经济学和市场营销的概念来描述，那就是关联消费者引发相关领域的经济活动运行，这就是细分市场的具体化体现。

3. 建设多样化流程

在社交媒体环境里，大数据包括社交数据、新的移动媒体、互联网相关的数据。企业必须建设多样化的流程，以适应传统消费者、在线消费者和社交网络消费者的不同需求。

4. 实现企业社交化

企业不同部门都应从不同角度认识并参与与消费者之间的互动，最终实现企业的社交化。

通过众多的社交网络接触点，企业可以与社交网络中的关联消费者进行连通，从上至下、从内到外地引领消费者转型。激活这些接触点的方式在于企业参与到与消费者之间的互动中去，直接与消费者进行面对面的接触。在互动过程中，自然形成了消费者对企业的印象及相应的体验。

5. 塑造全方位品牌体验

企业需要在每一步、每一个客户接触点都非常小心地设计商业流程，或者以某种新面貌面对消费者，更有效地管理接触点，从而在消费者心目中形成宝贵体验。塑造全方位的品牌体验，如图1-1所示。

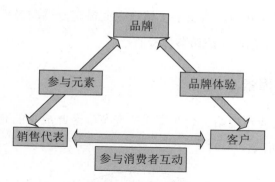

图1-1 塑造全方位的品牌体验

企业在参与社交网络中的消费者互动时，为了最终能够产生正面的用户体验，必须认真思考其互动策略；如果企业的参与策略没有建立在深思熟虑的基础上，那么企业品牌就会在社交网络中被稀释，也就是说，当消费者感受不到与企业的联系时，或者感觉不满意时，他们对企业品牌的好感度就会降低。在以社交网络为核心的市场营销和消费者互动时代，企业必须摒弃"企业"大于"消费者"的想法，而要树立一种"我们"的思维方式，将企业和消费者置于同一条战线上。

第三节 互联网思维对企业发展的意义

一、推动企业文化变革

以消费者为中心的互动是企业发展相关性网络的关键所在。由于不同的社交网络有不同的文化和特征，而且消费者也有独特的行为习惯，因此企业的参与策略必须有针对性。创新是一种由外至内的过程，而协作则是一种由内至外的过程。社交网络中的关联消费者行为已经形成了一种势不可挡的潮流，推动着企业进行从上到下的转型，然后产生由下至上的效应。

(一) 企业转型的目标

企业转型的目标是建设以消费者为中心的企业，而这种转型应始于企业文化的改

15

变，并从上至下由领导人开始，由员工实施。企业需充分调动员工的士气，得到他们的支持，推动他们开发新型的产品或服务体验。

(二) 企业转型的因素

以客户为中心的企业转型始于企业文化的变革，因此成功的企业转型需要以下四种要素的配合，如图1-2所示。

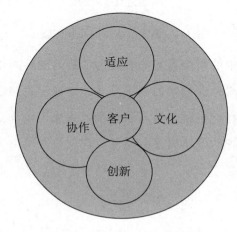

图1-2　企业文化的变革要素

1. 适应要素

为应对现在的新型消费主义环境，需要企业内部全力合作，形成一股合力向适应消费者转型，成功参与社交网络中的互动。由于市场一直处于转变之中，所以企业必须保持动能，时刻调整，以适应转型之需。那些不能敏捷转型的企业将无法触及市场中的新兴消费者。

企业须将资源投入在消费者关系上，这些投入不仅产生洞察力，更可激发影响力；企业还须通过在与消费者相关的网络中实施参与行动，以赢得客户的注意力、忠诚度和拥护度；这些都要求企业不断去学习和适应新兴的社交消费主义。更重要的是，企业应建设一种支持型的企业文化，让大家都认同关联消费者的重要性，并且组织好企业的管理层结构，使其可以支持转型中的变革。

2. 创新要素

目前，有很多企业都已经在社交网络中与消费者连接起来，但这种连接大多还处于一种"自然生长"的状态。随着市场竞争的加剧，未来企业应该有意识地连接更多的消费者对产品或服务的体验，而企业创新能力的高低，是否拥有先进的企业文化，是企业能否成功的关键。

3. 协作要素

企业是以客户为中心的组织，企业内部的各个部门也应以客户为中心连接在一起。企业应积极搜集社交网络中消费者的数据并加以研究，为传统和新型接触点构建出一整套内部支持体系，各部门之间分享有关消费者研究的数据，消费者的接触点由各个部门各担其责，参与互动，并产生效应。

4. 文化要素

先进的企业文化和发展理念可以为企业取得市场中的竞争优势，为了适应新市场的发展变化，企业应将自身的文化进行重新梳理，针对新兴的关联消费者和其他消费者进行企业文化的转型和升级。

转型成为以消费者为中心的企业必将经历的组织架构改革，企业应建立一种从上至下的体系结构，从而实现企业向适应型企业转型。

二、塑造企业品牌

(一) 企业品牌的意义

品牌价值的高低取决于它的拥有者，而企业或产品的价值最终由消费者的体验和观点来决定，这一特征定义了品牌在社交网络大众化时代的地位。

1. 实现企业价值

在社交网络发展壮大的今天，企业应该具备发现、学习及参与品牌革新的能力，从而在处于发展变革中的经济社会中实现自身价值。

2. 体现企业面貌

企业在日常的经营活动中需各部门协调配合，在维护社交网络中的消费者关系时也不是一个人或一个部门负责，但消费者却只能看到品牌是一个单一而统一的实体。因此，作为一个商业组织，在与外界人群进行互动的时候，必须以一个整体的面貌出现，有整体性的功能，企业对内对外必须无缝衔接。

(二) 企业品种的塑造方法

在今天这种交互性的网络世界中，品牌不是被企业单独塑造出来的，品牌地位和能量是被广大网友联合塑造的。网络世界里充满了各种消费者的情绪表达、消费者个人社交账号的状态更新、消费者所发布的内容，以及其他形式的网友自我表达等，这些都是分享体验的方式。

1. 重视消费者言论

有关企业或品牌的正负面言论会通过网友传达出来，企业的品牌是由众多关联消费者的体验来定义的。有时社会化媒体网络中会突然爆发出针对某个企业的讨论，并迫使相关企业做出回应，此时，一些企业才恍然发觉开展社交聆听的重要性。

企业必须重视消费者的言论，并且着手与那些尚未和企业建立联系的消费者们连接起来。对于企业而言，消费者所分享的众多体验型言论能够揭示出其产品、服务甚至企业的真正价值；反过来看，这些言论也反映了大众对品牌的认知，而品牌象征、品牌内涵也能够在消费者的审视中重生。在这个品牌和价值的战争中，消费者有很强的控制权，只有明白了这一点，企业才能真正走上社交媒体品牌营销的新型道路。

2. 重视产品和服务质量

在网络中，人们对某品牌进行搜索，就会看到其他消费者对这个品牌的评价。虽然，企业发布的信息及有创意的市场营销活动可能对潜在的消费者产生影响，但关联消费者却更习惯于依赖他人的评价，进而做出购买决策。

在每一个相互连接的网络中，整体能量大于个体能量，而整体又是由无数个体组成的，因此个体的地位也非常重要。个体所讲述的案例更加鲜活，使企业产品和服务的优劣都呈现在公众的视野之中，并以病毒的方式被复制传播。因此，如果企业希望塑造品牌影响力，就必须重视自身产品和服务质量，以期在网络和现实世界中打造优秀的口碑。

企业要随时了解消费者对自身的评价情况。目前，市场上已经出现一些新的技术，可以帮助企业分析消费者的语言及态度，以评估他们对企业品牌的满意度。

三、重塑企业文化

开放和透明是公司成功的两大基本原则，也是企业文化的两大基石。企业文化就是企业的品牌，未来，企业将在新的消费主义环境中进行激烈竞争，而优秀的企业文化准则是企业能否赢得关注的关键点。

(一) 重塑企业文化的意义

重塑企业文化的重要意义在于使外部世界如何看待企业，又体现于企业内部各部门员工的信念。因此，如果企业希望得到外部消费者的认同，必须先实现企业内部员工的无缝协作。企业必须重新审视自身文化，团结企业员工向同一个目标前进。

(二) 重塑企业文化的方法

1. 新型客户关系管理

在社交媒体兴起的今天，传统的客户关系管理也必须社交化，即实现social CRM，也可称为SCRM。新型的社交客户关系管理和前一代客户关系管理的理念一样，也是通过流程、技术去管理客户关系，并销售产品。

保罗·格林伯格(Paul Greenberg)是客户关系管理和企业资源规划行业的知名专家，他曾在发表的《光速中的CRM》一文中这样定义社交客户关系管理：社交客户关系管理是企业对客户主导话语权的一种反应。众所周知，社交网络中的关联消费者对自身与品牌的关系有着强大的控制权，因而SCRM的目标就是支持企业与消费者之间的协作型体验和参与，支持企业在社交网络中与消费者之间不断创造出这种新型客户关系，并实现可持续发展。

如果关联消费者信任企业，相信自己能够从中获益，那么他们就会敞开心胸与企业进行互动，而企业与消费者之间培养了亲近感后，更要向消费者传递实实在在的价值。

2. 创新思维

创新是企业从静态形式转变为动态运营的最佳方式。虽然一家企业在改变自己的技术架构和企业文化时会面临很多挑战，但创新始终是引导企业成长的可行举措，是提高企业竞争力的重要保证。社交网络中的消费者正鞭策着企业采用最新的技术，捕获当前趋势，研究新商业环境，并由此产生创新力量。

虽然企业需要积极参与社交网络中与消费者的对话互动，但并不意味着企业必须紧密跟随业内潮流，或采用每一项看起来都很新鲜刺激的网络应用。正确的做法是，企业应该在内部成立一个专业的部门，密切留意技术发展与消费者的行为变迁，采用适合的技术来引导消费者。

因此，企业领导者或负责创新的团队必须能够辨析正确的潮流，选择合适的手段和方法，发展出对企业更有效的互动参与策略。企业的创新部门需从研究关联消费者的特征开始做起，然后通过测试、学习和适应，从而产生优秀的社交媒体策略，创造合适的流程体系，并向全公司进行推广。

创新的重要意义并非局限于新技术的采用、新的系统或新的流程，创新更应表现为思想的开放，以及企业的创新支持体系的发展，这样才能真正将创新思维发扬光大。

3. 企业转型

没有一种经营方式可以适用于所有企业，所以企业在选择经营方式时，首要考虑的是企业自身的需求。关联消费者在新媒体上的行为，是企业参与互动并与消费者建立亲密关系的基石。企业参与社交媒体互动并非易事，而且企业越大，转型中面临的挑战也就越大。企业的文化、领导力及企业是否成功转型，是企业参与社交网络成败的关键所在，因此企业内部转型政策的制定非常重要。

4. 发展企业自身网络

企业参与社交网络应始于倾听和检测消费者在社交网络中的对话，跟踪并辨识出不同的需求，然后接触人员或部门就可有意图地将企业价值推荐给消费者。企业通过对消费者的洞察研究，改进产品和流程，向顾客传递更大价值。

在未来的新媒体时代，企业需要充分利用社交媒体渠道接触消费者，发展自己的相关网络。在这一目标的引领下，企业必须审视内部的运营情况，知晓自己的改进点。同时，企业务必引导和回应关联消费者的言论，在品牌与消费者之间制造某种平衡。为达到要求，企业需为参与社交网络设计出相应流程，将倾听消费者、参与互动、配置相关部门这一系列行为在全公司范围内流程化。

(三) 重塑企业文化的作用

企业文化的重塑需要经过认真的设计、支持和实施。在变革的最初阶段，对于企业最重要的是了解横亘于企业和不同类型消费者之间的鸿沟，这些消费者包括关联消费者、传统消费者和在线消费者。此外，企业还必须衡量新媒体、新技术与当前员工认知、需求之间的差异。

1. 提升企业影响力

现代企业一般都已经建立起一套系统，可以实时监测社交媒体对话、行为和言论倾向性，随着时间的变迁和倾听的深入，企业能够总结出一套完整的顾客喜好，以及相应的应对策略，并随之成长起来。除了倾听社交网络中消费者的言论外，企业还进化到参与这些消费者之间的对话，产生社交影响力。

2. 提升内部协作能力

当社交元素从一个部门蔓延到另外一个部门后，企业在内部和外部两个方面都变得更加社交化，员工协作度变得更好，相互沟通互动更多。社交性企业一般都采取"集中—辐射"型的结构，集中的部分成为员工的资源中心，可以为各个员工和部门提供相应帮助，而很多企业的领导者也认识到构建各部门、人员相互协作的企业文化的有利之处。

3. 推动企业不断发展

消费者行为可以改变商业世界，商业世界的转型才刚刚开始。企业应该意识到社会的变革，开始着手创新，研究新时代的变革和新媒体的特征，并将洞察力应用于实际工作和日常生活，创造适应新时代的企业文化和流程，使企业全面融入新时代。

价格优势、良好的服务、广泛的营销渠道、优质的产品，这些无疑都是一个成功企业的要素。在这种思维模式下，人们会把客户体验等同于一些数字，比如商业目标、成本降低、效率提升、销售预测等。对于企业而言，与赢得消费者一样重要的事情是留住消费者，而赢得消费者的难度比留住消费者要大得多。一些企业已经看到了这个现实，发现正面体验的分享可以让它们用更少的成本赢得客户的青睐。

本章小结

随着互联网技术和工具的逐步发展，越来越多的商业形态受到互联网的冲击。当这种冲击不断加深和变革不断加剧的时候，互联网就不再仅仅是一种技术，而是逐渐演变为一种思维范式，也就是互联网思维。

本章介绍了互联网思维的相关定义、内涵、载体；阐述了互联网思维产生的基础，即影响力与决策环；描述了互联网思维对企业发展的意义，主要包括推动企业文化变革、重塑企业文化和塑造企业品牌。

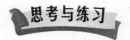

思考与练习

实践训练 ▶▶

1. 搜索5个应用互联网思维创业的成功案例，试从互联网思维的角度分析这些企业成功的原因。

2. 搜索1～2个互联网思维的创新案例，并分析创新的亮点。

简答题 ▶▶

1. 什么是互联网思维？

2. 什么是企业文化？

3. 你知道哪些有名的企业文化？

4. 社交媒体的影响力具体体现在哪些方面？

案例分析题 ▶▶

嘀个公交上下班：嘀一巴士，互联网巴士定制行业的后起之秀

嘀一科技(北京)有限公司成立于2015年，基于大数据海量用户需求，以移动互联网

思维推出"嘀一巴士"出行软件，业务涵盖企业班车、社区摆渡、大巴拼车、线路订制、团体旅游等多个领域。成立之初，嘀一科技与天马通驰公司成为战略合作伙伴，天马通驰拥有车辆3000余台，其中近2000台新能源巴士用于嘀一战略部署。之后，公司还与河南万里集团、广东宏建集团等客运企业发起成立客运联盟，成为长期战略合作伙伴。作为互联网巴士服务平台，嘀一巴士服务于当地政府、相关机构、开发区等，提供城市、园区、机场、社区等智能出行解决方案；同时满足上班族每日海量、高频的出行需求，解决他们对改善出行方式的渴望；亦为人流密集区提供到公交/地铁站的摆渡车(摆渡车)，解决最后一公里的问题。

"全国市迹、省迹长途客运显然大于市内定制公交市场。""企业用户对SAAS平台的需求和价值的认可度越来越大，以前白给用户都不爱用，现在却愿意花钱购买服务。"嘀一巴士创始人张昭——分析市场当前的需求。基于这些需求，2019年，嘀一科技在互联网长途定制客运领域发力；在系统服务上持续深耕；探索"村村通"项目，将全国交通不便利的农村串联起来；顺应消费升级的需求，持续优化七座、九座等小型巴士出行，并基于出行场景提供生活、电商、娱乐等多方位服务。

"为用户提供更好的服务"，这一理念深刻地体现在嘀一服务的各方各面。在基本服务层面，嘀一巴士主要服务于白领，提供一人一座、专车直达的服务。用户可以通过手机实时定位，即时查看车辆位置，精确掌握出行时间及定位车辆行驶路程。用户可以通过App或者微信公众号进行购票，搜索起点和目的地，选择线路购票，快捷方便。在安全层面，嘀一巴士运营车辆全部为自营巴士，班车司机皆为平均10年以上驾龄的司机，驾驶技术专业可靠。在用户体验层面，嘀一巴士瞄准对于上下班出行需求较高的中高端族群，倾力打造符合这部分人出行理念的驾乘服务。实时线路查询、精确的接送时间、精准的线路优化、舒适自由的乘车空间，在带给用户完美体验的同时也不断自我完善。在业务拓展层面，考虑到北京的交通状况，为节约用户的时间同时保证用户准点上班，嘀一巴士的线路会定期收集用户需求，以优化和新开线路，不仅改善了不少人口密集、道路拥挤地区的出行难问题，更有效缓解了当地上下班早晚高峰拥堵的压力。

嘀一巴士"由点到线，由线及面"的发展策略正改写着京城出行的困局，也改变着民众对于新型交通出行方式的看法。

（资料来源：佚名.嘀一巴士：还原互联网交互本质 以服务理念引领定制巴士新思路[EB/OL].[2016-07-13].
http://science.china.com.cn/2016/07/13/content_8893233.htm.）

讨论：

1. 嘀一巴士成功的原因是什么？

2. 嘀一巴士解决了哪些用户痛点？

3. 简述嘀一巴士的创新模式。

第二章
互联网用户思维与创业

小米的用户思维

小米最初的定位就是"为发烧而生"，每周小米的手机操作系统MIUI都会根据用户反馈的建议推出更新版本：用户不满意，改！用户不喜欢，改！用户想要新功能，加！用户至上，让用户成为设计师的策略，最终使小米聚集了大量的忠实粉丝，并形成口碑传播。

公司创始人黎万强在谈小米手机成功的三大因素时说：第一是参与感，第二是参与感，第三是参与感。而参与感也有三个维度：第一，用户参与营销活动；第二，用户参与产品创新；第三，用户参与公司的内部管理。

小米独特的营销心法可总结为三八法则：三大基础，八项注意。

基础一：定位用户群体。用户群体越小越好，越精准越好。小米要做一款发烧友手机，所以一开始的定位就是"为发烧而生"，先做MIUI再做手机，都是围绕发烧友群体。

基础二：社区战略。当找到用户定位后，还要寻找适合营销传播的平台。在论坛、微信、微博等平台中，小米选择了论坛作为主要社区，重点发力，论坛也成了小米在各类社交平台中用户黏度最高，流量最大的社区。

基础三：内容营销。有了客户群体，有了适合的社区，就要开始做内容营销，做内容营销最核心的是创造话题，比如小米1代的青春版，话题就是"150克的青春"。

八大注意事项包括如下内容：

第一，说人话。做任何设计，营销活动都要充分考虑场景化，别纸上谈兵。

第二，别跑偏。别跑偏的核心是抓重点。

第三，别撑着。别撑着就是要合理掌握营销，不要一开始就一窝蜂全上，把所有渠道都做了。

第四，接地气。不要把互联网的东西说得那么高高在上。

第五，别动摇。整个品牌战略至少要坚持10年不动摇。

第六，要死磕。所有伟大的设计和营销活动的文案都是死磕出来的，比如一场发布会的PPT，至少死磕100多次修改。

第七，有特权。给最初追随你的用户和其他普通用户不一样的特权。

第八，一起搞。把用户当成朋友，有温度地沟通。

用户思维是互联网思维的核心，想要企业和品牌更好地运用"互联网+"技术，就要好好学习转变，把产品思维、卖货思维转变为用户思维。而在用户思维里，要注重用户体验，做有温度的产品、有温度的营销。

学习目标

- 掌握用户思维的概念及重要性。
- 了解利用用户思维的商业创新模式。
- 能够找出利用用户思维创业的成功案例。

第一节 互联网用户思维概述

互联网用户思维是指企业为了让用户能够更好地产生消费行为，利用互联网及相关技术，基于用户思维的不断迭变去迎合用户需求的一种思维模式。互联网用户的需求是不断变化的，互联网思维就要跟踪这种变化，随时把握甚至超前预见用户需求。

互联网用户思维的英文表述有很多种，最常见也最能凸显互联网思维含义的是Internet user's thinking，意为对经营者和消费者的理解，即以用户为中心，学会换位思考，发掘用户的真正想法和需求。

一、互联网用户思维特征

(一) 用户画像

一家企业，在做任何一款产品开发设计之前，都得先做好用户研究分析，这就是常说的用户画像。用户画像主要包括信息数据与行为数据两个方面。企业需要把产品的用户群体及潜在用户群体进行一个具体的分析，如年龄层次、收入、职业(工作类型及岗位)、性别、爱好、日常生活习惯、品味、社交圈、个性、购买力、所处地域、家庭情况、婚否、身高、体重等。总之，用户画像越细、越清晰，对产品开发越有利。

(二) 用户思维的特征

用户思维模式最终被聚焦于用户本身。商品市场力求从产品、服务、文化、精神和思想等各个层面，满足用户不断增长的物质文化需求。因此，用户思维的特征如下。

1. 方便性

在销售过程中，强调为顾客提供便利，让顾客既购买到商品，也购买到便利。企业要深入了解不同的消费者有哪些不同的购买方式和偏好，售前做好服务，及时向消费者提供关于产品的性能、质量、价格、使用方法和效果的准确信息，把便利原则贯穿于营销活动的全过程。

2. 个性化

企业要以顾客需求为导向，以顾客满意为中心，要站在顾客立场上考虑和解决问题，要把顾客的需要和满意放在一切考虑因素之首，要有以顾客利益为重的真诚。满足用户的需求，不再局限于大众化需求，满足小众化甚至个性化的需求是企业今后要重点考虑的。

3. 需求性

在商品市场环境中，企业针对产品每一项功能模块的开发，都得从用户"需求"的维度出发，而不能搞一套很复杂的程序语言、高大上的插件功能。用户不在意企业采用了多高端的技术开发产品的功能模块，他们只关心产品使用是否方便、能否快捷地满足需求，这才是用户所关注的。

二、互联网用户思维的优势

与传统的网络营销思维相比，互联网用户思维无疑具有如下几个明显的优势。

(一) 增强用户的参与感

"以用户为中心"的用户思维，不仅仅体现在生产销售环节，还体现在市场定位、品牌规划、产品研发、生产销售、售后服务、组织设计等各个环节。企业要想成功拥有用户，就应该在价值链各个环节中"以用户为中心"去考虑问题，随时倾听用户的心声，让用户真正参与到企业的运作中来，加强用户的参与感。

小米就是通过提升用户的参与感做好互动营销的一个很典型的例子。小米认为社区是用户参与感的基础，于是小米致力于做好社区推广。小米第一个成熟的产品是手机的操作系统，就是今天的MIUI。MIUI通过论坛这样一个虚拟社区不断传播和沉淀，小米最初的50万核心用户也是在论坛传播中获取的。现在，小米把MIUI的发布做成了一项持续性的活动，每周五被小米称为"橙色星期五"，因为这一天小米的MIUI系统都会升级。小米的用户会在小米论坛上和产品经理进行互动，通过投票的方式告诉小米自己到底想要什么功能，现有功能做得好不好？只有用户认可后小米才会把新功能放到版本中去。这样做出来的系统无疑是最符合用户需求的，也是用户最喜欢的。

(二) 增强用户体验

只有好的产品才能长久地生存下去，这就要求企业做得更深入。用户想要的，企业要尽力满足；同时，用户没想到的，企业也要替用户想到。

同样以小米为例，2014年5月小米公司发布了新一代4k电视产品——小米电视。这款产品不仅性能卓越，而且还有一个小创意非常亮眼，那就是遥控器找回功能。小米电视的遥控器很小巧，一不小心就找不到了。针对这一普遍问题小米公司提供了解决办法：只要轻拍电视底部的手势触控板，选择找回遥控器，遥控器会发出蜂鸣声提醒，遥控器就能轻松找到。这一看似很简单的功能，却是实实在在地站在用户的角度思考问题，提升用户体验和用户好感，不得不让人由衷地"点赞"。

第二节 互联网用户思维创新

工业时代商业模式的显著特征是：以商家和品牌为主、渠道为王。互联网时代，这种模式遭到严峻的挑战，传统销售与传播环节已经变得不再重要，企业将直接面向消费者，而消费者反客为主，拥有了消费主权。企业必须以更廉价的方式、更快的速度，以及更好的产品和服务来满足顾客的需求，"顾客是上帝"不再仅仅是一种终端服务概念，而是贯穿整个生产销售环节的设计原则。

如今，借力互联网，新模式不断侵入传统企业的底盘，先是蚕食，后是冲击，最后是颠覆，缔造了越来越多的商业神话。BAT(百度、阿里巴巴、腾讯)这市场三雄不仅获利颇丰，而且彻底改变了人们的生活方式。随之涌入这场创新大潮的还有苏宁电器、滴滴快车、土巴兔、聚美优品等企业新星，上演了一场大变革、大转型时代的绝妙交响。

互联网时代是大势所趋，传统企业应顺势而为！

一、利用互联网用户思维的商业创新模式

对于传统企业的转型，不仅仅是在淘宝开设网店、在微信上设立一个公众号那么简单，而是基于互联网影响下的产业发展、消费行为变迁，对整个商业模式的重新思考，对内部管理体系、业务流程的再造和升级。这是一项系统工程，其背后贯穿的是一整套新的商业思想，即互联网思维。互联网思维是在互联网、大数据、云计算等科技不断发展的背景下，对市场、对用户、对产品、对企业价值链，乃至对整个商业生态进行重新审视的思考方式，是传统企业转型的制胜之道。

利用互联网用户思维的商业创新模式主要包括广告(媒体)、增值服务、交易(电子商务)等模式。

(一) 广告(媒体)模式

未来，互联网的业务盈利模式势必是将互联网当作广告主和用户直接互动的平台，用户可以在第一时间获得一手消息，免除中间商赚差价；服务提供商(service provider，SP)、内容提供商(content provider，CP)成为提供内容的平台，为用户提供服务与业务，以此获得广告收入；用户可以从平台中获取咨询和服务，带来流量；广告主通过投放广告的形式，支付广告费，获取销售产品或服务的收入。广告(媒体)模式如图2-1所示。

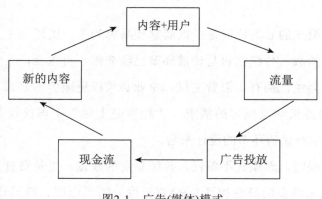

图2-1　广告(媒体)模式

(二) 增值服务模式

增值服务模式是在整个运营市场中，由服务提供商和内容提供商提供服务，获取增值业务收益，用户通过付费的方式，获取自身所需的服务，满足需求。增值服务模式如图2-2所示。

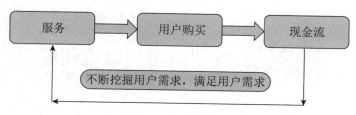

图2-2　增值服务模式

(三) 交易(电子商务)模式

交易(电子商务)模式是指服务提供商通过提供交易平台，获取手续费等收入；商家提供商品，获得销售收入，同时支付手续费；用户获取自己所需要的商品，支付相应的货款，如图2-3所示。用户细分应与行业细分并重，有特色的电商企业将会获得更广的发展空间。

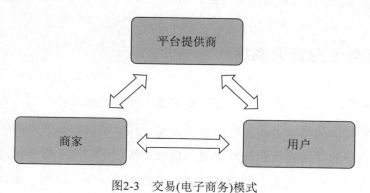

图2-3　交易(电子商务)模式

二、互联网用户思维之协同创新

互联网带来的最大冲击是快速和变化，所以在面对这样一个以指数级速度发展的时代，企业管理的目标不再是成本和绩效，而是创新；管理的使命不再是控制和稳定，而是培养组织应对变化的能力。

管理创新是最高层级的创新。互联网和移动互联网对商业的重构，不在于它们是不是一种新技术或新工具，而是对商业模式的重新改写。所以一些企业从表面上看，它们的技术更先进、产品更领先或营销更犀利，但隐藏在背后的是管理者的观念和组织方式的创新。没有落后的行业，只有落后的思想和落后的管理者。

第三节　互联网用户思维创业

互联网及大数据、云计算改变了我们的生活，甚至改变了我们的思维。从产品到体验，从客户到用户，从营销到传播，从管理到协同，以及免费的服务大规模出现，商业世界的逻辑因互联网出现了巨大的变化。然而这些变化还只是表象，真正起作用的是人，即消费者的变化，是互联网赋予了人们行动的力量，让消费者成为商业世界的唯一中心。从以生产者为中心，到以消费者为中心，看上去像一场巨大的进化，实际上是一种回归，回归到一种以人为本的商业本质，因为商业原本就应该为人的需求服务。互联网用户思维下传统企业商业模式的创业路径可以有多种，下面将详细阐述。

一、打造新型企业管理制度

企业是一种组织形式，企业管理可以宽泛地理解为"组织管理"，而管理的本质是"交流"，达到好的交流效果就是好的管理制度。互联网化的社交方式颠覆了传统的交流方式，因此传统的"现代企业管理制度"也就被颠覆了。企业管理模式必须要基于互联网化的交流方式，也就是企业的规章制度、绩效考核、工作流程、团队协作、企业文化等内容都要基于"互联网化"来变革。互联网在微观层面上体现出个性化、自发性、独立性、自由性、无层级、无级别、无中心、无控制等特征，但在宏观层面上又体现出公平、开发、有序、统一、自组织、自适应等诸多与微观层面相对立的特征。

互联网化的企业管理，员工是核心。以华为不断简化管理为例，其逐步放弃中央集权式的企业管理，发挥基层员工的主观能动性，自主适应各种类型的市场需求；海尔集团的互联网制作模式是把产品与研发部门剥离出来，打造了一个公平、开放、透明的研发创新环境，研发产品团队打散成近2000个小团队，这些小团队都是未来的创新型小企业。这些开放性的企业民主管理模式，核心是"自主型组织"，而非"干预型组织"，只有企业整体实现自组织，才能实现企业对市场的自适应，企业才能成为一个"具有群体智慧的创新组织"。

二、打造价值环

互联网颠覆了价值创造的方式。著名管理学家迈克尔·波特基于工业化生产流通体系，在企业经营管理方面提出了"价值链"理论。而在互联网蓬勃发展的今天，这套理论的应用越来越受到限制。互联网的发展，使得大数据、云计算、社会化网络等技术成为基础设施，用户和厂商之间可以更加便捷地链接，不再只是销售或者服务人员去面对终端客户，用户越来越多地参与到价值链的各个环节。

在互联网时代，为了更好更快地满足用户需求，传统的价值链模式会被互联网技术和思维重构，变成以用户为圆心的价值环，这也正是用户思维的体现。战略制定和商业模式设计要以用户为中心，业务开展要以用户为中心，组织设计和企业文化建设都要以用户为中心。在业务层面，用户端和供应链端连接起来，形成了一个闭环，将不断实现价值的动态传递。"价值环"要求我们必须要持续不断地关注用户需求，聆听用户反馈并且能够实时地做出回应，这是未来企业建立商业模式的基础。

三、打造数据资产

近年来，数据渗透各行各业，渐渐成为企业的战略资产。文字被量化成了一个一个的字符；声音被量化成了数字音频；图像被量化成了各种格式的数字图片。淘宝、天猫、京东等电商平台的商品是被数据化了的思想和观点，转发是数据化了的传播。人和物的一切状态和行为都能量化，都能数据化，能在数据空间被操作。互联网公司就是典型的"数据驱动型"企业。互联网公司本质是数据公司，这些数据可以为公司提供有价值的决策依据，是一项重要资产，甚至是核心资产，数据资产及数据专业处理能力是互联网企业的核心竞争力。

对于许多传统企业，缺乏的不是数据分析能力，而是对数据的重视。大数据的价值不在于大，而在于挖掘能力，如果把大数据比作一种产业，那么这种产业实现盈利的关键在于提高对数据的"加工能力"，通过加工，实现数据的增值。例如，通过分析利用消费者在互联网留下的"足迹"，企业可以贴近消费者，了解消费者的真正需求，从而做出快速而又精确的决策，获得巨大的投资回报，这是传统企业难以媲美的。

第四节　基于互联网用户思维的创业法则

一、提升用户感知

(一) 提升用户感知的方法

1. 产品简单易用

所有的产品经理都讲求以用户为核心来开发产品，简单说就是做周围的人和朋友真正需要、极度简单、不用教就会用的东西。只有这样的产品，才能让普通人变成企业的顾客。

2. 产品要让用户产生优越感

产品要让用户在使用过程中体会到自身的优越感，即用户在使用时能够比身边的亲人、朋友等更具优势。一旦产品具备了这一特征，用户便更愿意分享，如在朋友圈中发布产品信息等。这样的产品会让用户体验到一种优势，一种比别人更优秀的感觉。

3. 与用户沟通

企业若想从用户身上获益，必须要善于"经营"，用户往往有一颗玻璃心，一次不满意就可能弃你而去。互联网经济时代，用户的反馈、评价更是会对企业的产品或服务产生很大影响，因此企业要不断与客户沟通，了解他们对企业产品或服务的意见，实时改进，还可以像朋友一样关心用户的生活，使用户感受到被重视，从而成为企业的忠实用户。

积极与用户沟通主要表现在以下几个方面：

(1) 积极回复用户。用户在提出任何问题时，都是抱着一种期待回答的态度，而企业对用户的积极回应会让用户认为企业的责任心是很强的，同时这也是对用户的一种尊重。因此，在任何平台上，只要有用户提出与产品和服务相关的问题，就需要企业积极回复。

(2) 多渠道服务。对于微信、微博这类平台，企业可将其认知为新的客服渠道。这些平台也是用户与企业进行良性沟通的地方，企业必须坚持以客服的姿态出现，实时为用户解决各类问题。

(3) 适当的活动。在恰当的时候通过一些活动促进用户的活跃度是必不可少的营销方式。用户在参与活动时，得到的不仅仅是奖品，更是得到了被重视的满足感。

4. 使用户参与到产品设计中

大多用户愿意参与到产品的设计中，获得参与感；希望通过参与改变产品，从而获得满足感。用户会幻想"如果是我做这个产品会……"也正是这种心理促使用户对自己钟爱的产品提出意见，并且渴望获得赞同。例如，他们会公开自己对产品表现的期待，以获得企业的重视。

用户通常是普通人，他们所需要的是简单的被尊重，同时能够参与到产品的设计中，以及获得企业认可后的成就感。弄清楚这几点，企业就可以抓住用户的这几种心理，一一对应解决。

(二) 利用用户心理提升用户感知

自从进入移动互联网时代，人与人之间的沟通方式发生了翻天覆地的变化，人们更加倾向"以我为中心"的表达方式，而用户的心态更是参与感、尊重感、成就感的综合体现。

1. 个性化叛逆心理

用户往往不喜欢被说从众，这其实代表着他们内心对某种限制的叛逆。很多企业都运用这种叛逆心理进行营销。例如，当大众认为苹果是一款功能超强的手机时，小米手机就满足了一些对价格敏感但又期待更多功能的手机用户的需求。他们认为，小米手机价格便宜而且功能强大，满足了其个性化需求。

2. 寻求安全感

一些用户期待能够逃离日常生活状态，给自己营造一个安全、宁静的空间。例如，文艺青年最喜欢的就是某个午后安静的某地，获得暂时的"自我空间"。一些用户购买产品或服务的目的就是为了给自己一个安全空间，这种寻求安全的心态很可能是需要安慰和宣泄，比如用户加入某个产品的讨论群就是为了获得一种交流，这也是用户追求参与感背后的一层原因。

3. 炫耀心理

用户迷恋产品有很多理由，有时候他们只是因为产品的外观轮廓或品牌创始人的一个小故事就成为其"粉丝"，他们极为感性，是非理性的消费力量。同时，这类用户可能会将自己在"粉丝"组织中的一个职位、体验、奖品等拿来在其他领域作为价值证明，或者拿去填补现实生活中某种缺陷或空白，这些都是出于用户为了在现实生活中获取更出彩表现的心理。

二、打造以用户为中心的思考方式

(一) 以用户为中心的思考方式

以用户为中心的思考方式，单从字面意思理解，就是用户有什么需求我们就满足什么需求。互联网思维一定是以用户为中心的思考方式，具体原因如下。

1. 构建商业模式的基础

虽然商业模式的核心是实现营收，但是在非垄断的企业模型下，满足用户痛点、解决用户需求才能最终实现用户对产品的购买和使用。也就是说，当产品或服务开始能够解决部分用户需求的时候，企业才真正可以开始讨论这个业务是否具有商业模式。

2. 追求利益的最大化

如何让用户花钱、如何让用户更多地花钱、如何让用户把别人拉进来一起花钱，这是一个企业永恒讨论的话题。而洞悉用户需求、挖掘客户价值的基础就是让企业更理解用户。

(二) 如何打造以用户为中心的思考方式

1. 具备建立数据模型的能力

知道用户所想是一种经验，如何将经验进行固化进而让企业内各部门达成共识，最好的办法就是将所有描述进行数据的呈现。数据的呈现包括前期模型的建立，数据的标准化定义，数据的收集、优化、迭代，以及最后的分析。企业可通过数据模型的搭建，以数据展示用户需求。

2. 避免带入个人感情色彩

同理心能够帮助企业更好地获取用户需求，但在做产品设计和商业规划时，带入个人的感情色彩是大忌。许多企业人员在进行产品讨论的时候，总是说我觉得、我认为，这种设计思路的样本太小了，小到在数据面前基本可以忽略不计的地步，这样设计出的产品可能就无法满足大众的需求。

3. 慢慢积累运营经验

用户需求分析是一个需要累积大量经验的工作，用游戏来举例就是，玩的局数越多、看的讲解越多，经验就越丰富，遇到不同局势就能更好地做出判断。从这个层面来看，只有多做、多看、多想，靠经验慢慢累积，才能为用户提供他们所需的服务。

用户思维是互联网思维的核心，想要企业和品牌更好地发展，就要不断学习和尝试转变，把产品思维、销售思维，转变为用户思维。

本章小结

本章介绍了互联网用户思维的概念、特征和优势；阐述了利用互联网用户思维的商业创新模式，主要包括广告(媒体)、增值服务、交易(电子商务)等模式；介绍了利用互联网用户思维创业的三种类型：新型企业管理、打造价值环、打造数据资产；阐述了以用户为中心的思考方式，包括具备建立数据模型的能力，避免带入个人感情色彩，慢慢积累运营经验等。

思考与练习

实践训练 ▶▶

请搜集5个应用互联网用户思维创业成功的案例，试着从用户思维的角度分析这些企业成功的原因。

简答题 ▶▶

1. 互联网用户思维的含义是什么？
2. 互联网用户思维的创新点有哪些？
3. 从用户思维的角度谈谈如何利用互联网进行创业？

案例分析题 ▶▶

中国智能手机的黑马：小米

2011年8月，在中国的智能手机市场中，突然出现了一匹黑马：小米。

在经营上，小米有自己的一套。首先，小米是依靠互联网而发展起来的企业，所以雷军在经营方面非常重视互联网逻辑。雷军多次提到小米的成功来源于互联网的四大特点：专注、极致、口碑、快。而四大特点无不是建立在用户基础之上。所以，用雷军的话来说，小米经营的不是手机，而是用户。

小米每次发布新品手机之前，都会在互联网中发起米粉团活动，通过吸收米粉们的建议来设计新款手机。在小米社区，小米的工作人员每天都会与用户进行互动。

雷军曾说："我们不是硬件公司，而是一个互联网公司，所以我们的本质不是要卖出多少产品，而是要留住用户。"源于此，小米才会在手机的配置、定价方面全部向粉丝靠拢。小米手机的营销模式是"高配低价"，这完全迎合了粉丝们的需求。

在小米官网中，用户可以看到即便是最新款的小米手机，性能配置在市面中都数高端配置，但是在价格方面，却没有超过2000元。此外，小米手机在设计中，无论是外部的独特设计，还是内部的强大功能，都符合粉丝们的心愿。同时，小米还会定期在官网中进行促销活动，给用户接连不断的惊喜。

根据数据调研机构Strategy Analytics最新发布的调研数据显示，小米手机2019全年出货量为1.248亿台，名列全球第四名，市场份额为8.8%，年同比增长27%。

讨论：

1. 小米手机的经营中体现了哪些互联网用户思维？

2. 借鉴小米手机的成功案例，剖析互联网企业的本质是什么？

第三章
互联网简约思维与创业

hao123网站：创年收入20亿神话

hao123是即时收录包括音乐、视频、小说、游戏等热门分类的网站，它与搜索引擎完美结合，为中国互联网用户提供简单便捷的网上导航服务。经过20余年的发展，hao123已成为亿万用户上网的好帮手、中文上网导航的领先品牌。

2004年hao123被百度收购的消息传出后，在业界引起一片喧哗与骚动。很多人为此困惑不解，为什么这样一个看起来技术极其简单、仅仅把各类网址收集在一起的网站能够获得百度的青睐，竟然卖出了5000万元外加股票期权的天价？从技术上说，hao123几乎没有任何门槛，业界能够做出来的人何止千万。

hao123的成功源于对产品的专注和整体的简单属性。"简单"的第一层含义是hao123的页面简单。虽然简单到追随者容易复制，但知名度与口碑却无法复制。"简单"的第二层含义则是用户使用起来简单，只需要简单的设置就能永久使用，每次打开浏览器都不用登录。

在某网站调查用户喜欢hao123的理由时，前四大原因分别是：第一，很方便，快速实用；第二，分类很清楚，内容多且全；第三，没有病毒和不良链接；第四，界面简洁、广告少。其实综合来看，做到这些很简单，做好这些，则需要坚持和自始至终的专注。

- 能够陈述简约思维的概念、特点及运用原则。
- 能够陈述利用简约思维的两种创新方式。
- 能够找出利用简约思维成功创业的经典案例。

第一节　互联网简约思维概述

如今，快节奏的生活使大众在选购商品时更加追求简单化。从消费者的消费习惯来看，在面对互联网琳琅满目的商品时，消费者从一家线上门店转向另外一家门店只需要一秒钟甚至更短的时间，所以要求卖家在更短的时间内吸引顾客的眼球。这便形成了一种简约风格，商家把更简洁的门店网站界面展现给顾客，把简洁的产品提供给客户，省去购物的中间环节，采用更简明的产品说明。

由此，互联网简约思维的概念可以定义为：在产品规划和品牌定位中，要力求专注和简单。而对于产品设计，则力求简洁和简约。概括起来主要有三个要素：看起来简洁、用起来简化、说起来简单。

一、互联网简约思维的原则

互联网时代，各个领域充满了五花八门的创新，不断涌现新功能的开发和新技术的应用，貌似很大程度上丰富了人们的生活，实则加速了用户的审美疲劳，甚至一些看似全面但实用性欠佳的产品还会带给人们困扰。在繁忙高压的工作生活中，人们追求更多的是一种轻松自然的状态，简约成为一种独特的风格。把复杂变简单是互联网思维的精髓，用户需要什么，企业就把它们以最简单、直接的方式呈献给用户。产品战略在互联网时代显得愈发重要，无论从消费者还是企业等市场主体的角度来讲都是如此，因此，是否能做好产品将极大地影响企业的生存，而用户体验往往又是基于对企业产品的体验。企业利用简约思维制定产品战略时需要遵循如下原则。

(一) 大繁至简，少即是多

很多产品为了迎合不同的用户，会设计出很多繁复的功能来吸引用户点击，而用户使用时则需要花费很大的精力来了解产品，最终忽略了产品的实质。实际上，相比于花哨的功能，产品本身的实用性才是用户真正关注的，而简单的操作也是节省顾客时间，以客户需求为中心的企业理念的体现。

在简约这件事上，苹果做得很好。在设计iPhone的时候，乔布斯给设计团队下达了当时看似无法完成的任务：iPhone手机上只需要一个按键控制操作界面。设计师和工程师们怎么也想不出如何用一个控制键完成所有的操作功能。每周的例会上，都会有人对乔布斯说："这不可能。"但他对设计师说："iPhone面板上将只有一个按键，去搞定它。""零按键"代表着一种简约之美，是乔布斯用户至上的产品理念。现在，这种思考问题的方式已经扎根到苹果公司及其产品之中，不论iMac、iPod、iPhone，还是iPad都体现了iPhone的简约风格。

(二) 做减法，简约即是美

在互联网的发展过程中，有过信息堆砌的时间段，当时的用户需要信息，所以简单地堆砌就是最好的信息处理办法。那时一个网页中往往有数不清的链接，这导致在网站的流量提升后，这些链接都变成了广告、关键词，对浏览网页的人来说造成了很多不便。

简约就是在做减法，也有人会认为，只是把重点突出，其他的东西要么砍掉，要么隐藏，要么换到用户自主选择。越简单，对产品的要求就越高，因为它需要产品在有限的表现范围里充满表现力地展现产品核心功能。

简约是对产品特征的高级要求，即简约不单单是要满足用户对产品简便性的需要，还要更突出标签。一款产品如果能做到重心突出，同时还能有良好的使用逻辑和体验，就说明这款产品在工业设计上足够美。这里的美，不仅仅是指外形好看，重点是整个产品不管从哪个角度看都是富有引申和逻辑性的。简约思维对细致之处的要求更高，所有的呈现都必须美化。

(三) 越专注，越专业

专注就是专注于做自己的事情，将一件事做到尽善尽美。迈克尔·波特在其所著的《竞争优势》一书中提到："公司业务的专一化能够以更高的效率、更好的效果为某一狭窄的战略对象服务,从而超过在较广阔范围内竞争的对手们。"波特认为这样做的结果,是公司或者通过满足特殊对象的需要而实现了差别化,或者在为这一对象服务时实现了低成本,或者二者兼得。这样的公司可以使其赢利的潜力超过产业的普遍水平,这些优势也能够保护公司抵御各种竞争力量的威胁。

企业要将有限的资源在一个焦点上聚集,迅速抓住消费者的注意力。roseonly专爱花店的店长说:"roseonly是我们自己的品牌,每一束花都来自于我们自己的供应链。情人节当天,我就守着生产线、物流中心和运营中心,全程盯着生产和发货。每一朵花只要不合格,都不能通过roseonly卖出去,因为我们最看重、最核心的是品牌。我们从厄瓜多尔剪一朵巨型玫瑰,每一把剪刀都要消毒。整个物流运输链都保持恒温2℃和70%的湿度,之后运到我们这里,再由专业的花艺师重新剪好包装,用最好的物流公司发出去。我们在天猫渠道的销售金额在花店中排名第一,这是品牌的力量。"这体现的就是一种专注的力量。

简约即简洁易懂,让人能够一眼就看出来,但是内涵却不能少,即通过最少的元素表达出最多的内容。现在已经进入移动互联网时代,在淘宝上进入一个店铺,再进入下一个店铺时,只需点一下手机屏幕就可以了。因此,企业要把产品或服务最重要的特色凸显出来,才能给顾客留下印象。

二、互联网简约思维的特点

很多产品若不能准确把握简约的精髓,其在采用简约风格时就容易陷入简单但难看的问题中。因此,简约之美的尺度需要企业认真把握。分辨产品是否具有简约之美,可从如下几方面来考虑。

第一,整体和谐,无突兀感。对于产品来说,整体风格简约就已经成功了一大半,而如果在细节处还能够突出自身辨识度,获得用户好评,那就很可能成为一款风格受人青睐的产品。

第二,特征和风格独一无二。在产品的简约要求中,标签思维依然不能被忽视。特征和风格不仅体现在产品的表象上,还包括内在,也就是用户使用产品时的切身体验。操作的简化设计能帮助用户更加有效地使用产品,提高用户体验,这也是产品价值的体现。

第三,功能简练,围绕一个核心将更多的优势凸显出来。现在互联网已经发展成熟，移动互联网正在崛起。移动互联网的初期必定是简单的互联网移动化；然后，具有移动互联网特质的独特应用开始优化互联网传统应用，改良并发展传统互联网应用；最后是移动互联网的独特创新。在这个过程中，使用功能越来越多样，使用方法越来越简练，从中我们也能够看到简约产品的发展过程。

第二节 互联网简约思维创新

越来越多的传统行业受到互联网的冲击，如果一个企业还以传统的思维经营，失败是必然的结局，所以企业思维在互联网时代转型是必须的。但有些企业在了解到互联网思维之后，就强加给它必须成功的使命，这又是错误的，利用互联网帮助企业经营，成功的关键是需要多重条件叠加，如用户、体验、商业模式和创新等。这里讲的创新又和前面几点相联系。

创新主要分为用户体验创新和商业模式创新两种形式。如果企业能做到这两点，那么对客户来说，就是为他们降低了消费这个产品或者服务的条件，客户能够用更少的钱和更简单的方式去获取产品或服务。

一、用户体验创新

用户体验创新简单来说就是化繁为简，给用户简单但是新奇的体验。对于企业而言，这些简约的、方便用户使用的产品背后，核心是技术创新。因此，自我变革、不断创新是企业持续领先的动因。比如，早期的QQ功能比较单一，在后续的不断更新中，研发团队在保持原本简约架构的前提下更新更多实用的功能。正是这种不断从用户体验角度出发的产品升级使QQ更具有生命力，成为如今即时通信工具中的佼佼者。

二、商业模式创新

互联网技术的发展已经渗透到了社会经济运行的各个方面，对传统的商业业态产生了深刻的影响，引发了市场和竞争环境前所未有的剧变。"开放、平等、协作、分享"的互联网精神渗透到商业和生活的方方面面，顺势而生的互联网思维已经成为指导商业模式创新的重要理念。

用户体验创新和商业模式创新是抓住消费者的必要特质，广告无忧作为一家全网整合的广告投放平台，完美地满足了这两个条件。过去，经常有新入门的广告主因为不了解开户流程而走了许多弯路，如资质问题、媒体政策不了解、资料不齐全等，一个小问题就来来回回耽误很长的时间。广告无忧整合了广告开户、投放的一系列流程，让广告主在一个网站就可以办好所有流程，简洁的操作和贴心的客服人员让即使是刚接触广告行业的新人也能够顺利开户，可以说用户体验完美，同时其开创的一站式广告开户、投放服务既兼顾了客户体验，还将广告主需要花费的成本降到最低。广告无忧为互联网广告行业打开了一扇新的大门，开创了新的商业模式和用户体验，成功赢得了用户。

第三节　互联网简约思维创业

在"大众创业、万众创新"的大潮下，凭着对互联网新技术的敏感和青春的激情，越来越多的年轻人加入"互联网+"的创业之路。互联网+金融、互联网+农业、互联网+医疗等遍地开花。青年创业者对互联网技术的敏感度毋庸置疑，但由于缺乏在传统行业深耕的经验，对于"+"号后面部分的理解往往还不够成熟，所以在移动互联网时代创业，创业者在以下几个方面需要做好思维转变。

一、跨越互联网技术门槛

最早一批互联网创业者的创业历程通常是这样的：购买一个域名、一台服务器，并在服务器上架设一个文字或图片站，依靠人工和机器采集，定期更新网站内容，然后依靠网站的广告和流量进行变现。在PC时代，建造一个网站相当简单，网络上有很多源代码，只需要将源代码上传到网站服务器，对网站前端页面做些简单设计，再对网站栏目和关键词稍作改动，便能做出一个属于自己的网站。

随着移动互联网时代的到来，当前互联网创业的技术门槛大幅提高。一款移动应用能够顺利上线并被成千上万的用户流畅使用，这其中不仅需要在前端交互页面的精妙设计，还需要后端服务器具备强大的处理能力。现在，各类移动应用的复制性并不强，尽管市场上也有不少可以简单生产移动应用的产品，但是App当中有很多个性化的应用却必须量身打造，这就使得没有技术背景的创业者难以复制过去的成功经验。

二、灵活多变的产品推广方式

早期创业者通过学习搜索引擎优化(SEO)技巧，能够利用搜索引擎的规则，通过设置文章关键词并对页面进行优化，引来大量的流量。而在移动互联网时代，每个应用都是一个信息孤岛，以前很多免费的推广方法在移动互联网上全部失效，这就导致产品的推广成本非常高。特别是在移动互联网发展的初期，大量的App都是依靠手机内置和应用商店投放广告进行推广，这对于没有充足资金的创业者来说，无疑是个非常大的挑战。这种情况下，即使创业者想尽办法开发出自己的App，也无法将它推广到更多用户的手中。

一说起互联网或者互联网思维，大家的第一念头就是"免费"，再基于庞大的用户量慢慢转换商业模式。但其实互联网思维并不等于免费，因为必须要考虑产品如何推广：其一是靠口碑，耗时比较长；其二是靠广告，那么成本会很高。其实互联网思维和收费、免费没有什么直接关系，关键是控制成本提高的速度。快速铺货，快速建立壁垒才是互联网推广的正确使用方式。

三、盈利模式的改变

在PC时代，不少具有技术背景的创业者通过流量来进行变现。而在移动互联网时代，需要更多的资源和能力将App推广到更高的量级，最关键的是对于更小的移动屏幕，通过广告或流量变现的可能微乎其微。对于移动应用的生态而言，大量的流量集中在微信、淘宝、微博、视频网站上，人们对于工具性App的依赖程度非常低，盈利模式的转变导致创业者无法再沿用以往的营销方式。

四、注重产品体验

在移动互联网时代，人们更加注重体验，这就需要创业者们将每一个细节做到位，从产品设计到页面呈现，从体验到服务，都要有较高的水准，还需要有更多的专业人才参与其中，打造出畅销的产品。

本章小结

本章首先介绍了互联网简约思维的概念、原则和特点；然后阐述了以互联网广告行业为代表的互联网简约思维创新形式，主要分为用户体验创新和商业模式创新；最后介绍了互联网简约思维创业的四种途径，即跨越互联网技术门槛、灵活多变的产品推广方式、盈利模式的改变、注重产品体验。

思考与练习

实践训练 ▶▶

1. 请对各类服务检索项目进行体验，要求理解每项服务背后所蕴含的"简约思维"的深意，并说出自己的体验经历。

2. 请结合本章所讲述的知识，为你熟悉的企业店铺(如淘宝网店、微店等)提出至少三条用户体验，并对这些店铺以后如何运用简约思维发展提出建议。

简答题 ▶▶

1. 互联网简约思维的含义及原则是什么？

2. 从简约思维出发，企业如何做到"简约而不简单"？

3. 如何利用简约思维进行创业？

案例分析题 ▶▶

缓冲器帮助用户轻松分享社交帖子，创造双赢局面

乔尔·加斯科因(Joel Gascoigne)是Twitter的超级粉丝，但他遇到了一个问题：要想连续发表和分享找到的所有好文章是很困难的。他测试了各种各样的时间安排工具，发现它们会让分享变得更复杂了：必须挑出日期和时间，调整安排。于是乔尔萌生了设计一种简单又高效的在推特上进行分享的工具。

于是缓冲器(Buffer)这一应用应运而生，它可以为用户的账号加入文字和多媒体，然后每天自动发布，这样就能使用户轻松有效地在社交媒体上分享帖子。它解决了用户的一个问题——轻松分享，而且只关注这一个问题。这一应用刚上市就受到欢迎，2010年12月，缓冲器发布三天之后，人们就开始购买。缓冲器的使用说明只需浏览大约一分钟的时间就能明白使用方法并应用，这个极低的门槛确保了新用户的流入，以及提高了消费者的用户体验。

如此直接的工具也可以应用于公司产品的介绍。如果产品有10个主要功能，公司可能无法准确说出哪一个功能解决了顾客最大的问题，因此也无法说出哪个是最有价值的功能。缓冲器仅仅只关注一个功能，将更多的精力用于了解顾客所需，并且不断对解决方法进行优化，然后公司便可以专注于这个核心功能设计简单的价格策略，并在更新时向顾客提供他们想要的附加功能。

讨论：

1.缓冲器解决了哪个问题？

2.从本案例中能够得到哪些启示？

第四章
互联网迭代思维与创业

VIPKID：在线英语教育领域的头部玩家

VIPKID是国内首家真正把共享经济运用到少儿英语领域的新一代互联网教育公司，它最大的特色是能通过1对1实时在线视频学习平台，把中国小朋友和北美外教进行对接。凭借其共享式的运作模式和严格把控的师资力量，VIPKID实现了优秀北美教师资源和中国少儿英语学习需求的精准对接。

2013年10月，VIPKID公司成立。初期，VIPKID的产品打磨持续了约半年，做了两版网站、三版内容，每个季度都在不断地迭代，很多时候还要去适应孩子的心理和线上的需求。2014年6月，Beta版产品上线，第一批用户主要来自创新工场的员工。随后，公司团队根据种子用户的体验和家长的意见反馈不停调整，平均每半个月迭代一次产品。到2014年年底，VIPKID的产品还在小范围试用，用户只有100人左右。到了2015年年底，VIPKID的用户数达到6000人。2017年8月，VIPKID推出全球首个100%浸入式教学在线少儿中文教育平台Lingo Bus，正式发力中文出海业务。2019年8月，VIPKID平台学生规模超过70万人，北美外教数量超过9万人。

借助互联网，VIPKID在迅速扩张的同时，保证教师质量和教学体验。VIPKID在教研上投入非常大，有30多人的国际化团队，包括高学历和经验丰富的教师，共同开发教学内容。很多国外知名的出版集团高管来中国也会到VIPKID考察数字化和在线教育模式。

正如VIPKID创始人米雯娟所说："在中国做教育，我们大概是唯

——家做实验项目的，就像药品上市前做临床实验一样，因为通过实验项目，我们能知道自己的产品是否有效，并能根据市场反馈更好地设计和迭代产品。"

VIPKID增长的源动力是用户满意。每个月超过70%的新增用户是通过老用户介绍而来的。VIPKID对产品提出更高的要求，以内驱的方式推动增长。2019年6月11日，VIPKID入选"2019福布斯中国最具创新力企业榜"。2019年10月，腾讯领投E轮融资。

(资料来源：佚名. 在线青少儿英语品牌VIPKID获E轮融资[EB/OL].[2019-10-08]. http://www.ocn.com.cn/touzi/201910/pwrvc08112900.shtml.

学习目标

● 能够陈述迭代思维的概念、性质及特点。

● 能够陈述利用迭代思维创新的方法与原则。

● 能够找出利用迭代思维成功创业的经典案例。

第一节 互联网迭代思维概述

在人类实践活动中，源自计算机软件领域的迭代思想已经由一种算法逐步升级为一种方法、理念和思维模式。随着知识服务在信息产业的快速推进，知识服务产品的开发与服务活动正在步入规范化、工程化、工艺化的轨道。在知识服务产品化活动中引入迭代思维，可以有效提高产品质量、开发效率和服务效果，增强开发活动的针对性、规范性、科学性和创新性。

互联网迭代思维的概念可以定义为一种产品开发模式，更是一种思维方式。其特点体现在两个方面：一个是"微"，小处着眼，微创新；一个是"快"，唯快不破。传统企业需要一种迭代意识，及时乃至实时地把握用户需求。

一、互联网迭代思维的性质

在当今互联网的大潮中，无论是互联网的创业者，还是传统企业的掌舵人，都必须具备迭代思维。迭代思维的主要作用如下。

(一) 迭代思维是一种消除成见的自我创新思维

日常思维都有惯性，正如生物学中关于昆虫激素的描述，惯性思维类似"保幼激素"，而突破性思维类似"生长激素"，"生长激素"较"保幼激素"通常处于弱势。迭代思维提出了一种知识结构的更新方法，这种方法能够突破常规和循环模式下的思维定式，实现"化蝶"式的层层蜕变。

(二) 迭代思维是一种否定之否定的辩证思维

迭代思维是一种批判式思维，核心是对以往做过的事"挑刺"，通过多次怀疑性、继承性的否定实现多次累积性、变革性的迭代。迭代思维就是这样通过大胆否定、再否定，实现认知模式的螺旋式上升，通过不断学习和再学习的过程实现心智模式的改善。

(三) 迭代思维是一种持续改进的质量理念

通常情况下，人们总喜欢一味追求将方方面面都考虑周全，企图一次性成功地达成一个完美的结果。迭代思维借鉴软件工程中"版本"的概念，把事情分解成若干生命周期来完成。在过程控制上，迭代思维是在实现若干小周期循环改进的基础上实现大周期的循环改进。

(四) 迭代思维是一种知识进化的工程化思维

波普尔提出的知识进化论将知识的增长类比为生物进化过程，经受着"选择"和"淘汰"。迭代思维将这种认识论落实到知识工作方法的演化中，以软件工程为典型代表和成功案例，推动了以工程化方法解决复杂系统的实现问题，如图4-1所示。

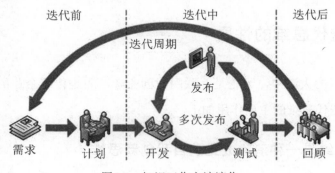

图4-1　知识工作方法演化

二、互联网迭代思维的特点

掌握迭代思维的规律，是在工作中建立并运用好迭代思维的前提和基础。基于对迭代方法的认识和迭代思维的作用定位，迭代思维的主要特征包括如下几方面。

(一) 用户需求的不可知性

企业不仅要满足用户已有的显性需求，更要创造并引导用户的潜在需求，但用户真正潜在的需求往往很难通过普通的调研手段获取。例如，在第一代iPhone问世之前，可能没有用户会提出想要一个没有键盘的手机，然而舍弃键盘改用触摸屏控制，却恰恰反映了用户对操控体验的潜在需求。因此，为了尽可能降低产品开发的风险，可以运用迭代思维对用户需求进行深层次的识别、判定、收敛和显性化。同时，还要考虑环境、时间等相关因素对用户需求的影响，适时做出修正。

(二) 目标导向的时效性

迭代的目标是每次迭代都推出可市场化的产品，这就要求企业高度重视迭代的时效性，尽可能地优化速度。马化腾把腾讯的创新经验解释为"小步快跑，试错迭代"，他曾说过"也许每一次产品的更新都不是完美的，但是如果坚持每天发现、修正一两个小问题，不到一年基本就把作品打磨出来了。"从腾讯公开的资料来看，早在2003年，该公司部分产品的迭代速度就已经达到了每月一个版本；2011年1月推出的微信，到2017年4月已经累计迭代了55个版本，腾讯对迭代时效性的追求可见一斑。

(三) 目标的不确定性

目标的不确定性又可称为环境导向性。迭代过程本身具有很强的外部交互性，迭代目标的明确化过程通常也是与环境不断交互的过程。作为输入输出变量的需求与信息本身具有相对不确定性，需要围绕目标不断引入、修正环境的输入与输出。同时，其结果又反作用于目标，使目标进一步明确。

(四) 行为的试探性

目标的实现过程中，需要不断尝试，并进行选择、批判和排除。尤其对于剔旧和创新的部分，需要不断调试、检验和测度。因此，解决问题的整个迭代过程也是试验和探索的过程。

(五) 过程的周期性

迭代过程是一种创新的过程，充满着量变到质变的飞跃。与每次大大小小的质变相对应，迭代过程也产生了大大小小的周期，每个周期可以构成一个循环，周期间的节点是可度量的检验点和控制点。

第二节　互联网迭代思维创新

在互联网时代，为什么很多不知名的品牌产品迅速实现对传统大企业的弯道超车？为什么某些公司的产品几乎都是免费的，财务报表也并不"好看"，但企业市值估值却能一再攀升？这些现象背后的动因是一个新群体身份的崛起——用户。用户与消费者最大的差异在于：消费者价值集中在购买这一时刻；而用户价值分布于浏览、决策、购买、使用、分享等整个时间轴。在这个产品与服务都呈现极为冗余现象的时代下，碎片化、社群化、个性化、场景化已经成为产品创新思考中的核心关键词，掌握完整系统的用户思维并以此为驱动力进行简化、聚焦，以及快速迭代的产品创新是企业对互联网时代最佳的拥抱姿势。

一、快速反应

在互联网产品开发过程中，首要的表现特征就是"快"，快速地对市场及用户做出反应，不断地迭代更新产品。"快速反应"是把握发展先机的关键，因此不少互联网企业在概念形成后，仅用一两周的时间就上线产品。这样运作的原因：一方面是谁先成功地推出产品，谁就有更大的机会获得更多的用户；另一方面是通过打造产品主功能，可以降低成本和风险，后续还可通过市场与用户的反馈进行迭代来完善产品。

二、微小创新

由于人力、物力、财力等限制，互联网产品开发时往往不能一次性完善所有的功能。同时，在产品决策的初期，有很多因素是不可预知的，因此互联网产品常常是在推出的原始版本上进行快速的迭代更新。此时的迭代更新主要集中在细小的用户体验与需求中。首先是因为在有限的时间内，逐步快速改进产品的细节能确保产品的质量；其次是为了保持用户体验的延续性，较大的改变往往会给用户带来不流畅的用户体验；最后，互联网时代用户的需求是不断变化的，持续的微小迭代有助于提高用户黏度，给用户不断的新鲜感。

三、精准定位

尽管迭代思维是通过不断试错来完善产品，但是互联网产品的迭代同样是以用户为中心，在用户体验与需求的精准定位下进行的。任何脱离了以用户为中心的试错或迭代，都会减弱互联网产品的用户黏度。长期脱离以用户为中心的迭代，甚至会使互联网产品失去用户与市场。互联网产品的竞争是异常激烈的，它在允许试错式发展的同时，也要求时刻把握住产品发展的核心，以用户为中心进行精准定位式迭代更新。

Blocks是一款可定制的智能手表，由配置彩色触摸屏、加速度计、陀螺仪、骁龙400处理器的智能表盘及多种模块化功能表带组成。不同模块的表带提供不同的功能，用户可以通过配置不同功能的表带模块来满足不同的功能需求，定制属于自己的智能手表。预售阶段的 Blocks 功能表带包含GPS模块、心率模块、可编程模块等。Blocks智能手表是一款 "可生长"的产品，用户可通过网络平台以开发者的身份参与到后续表带模块的设计研发中。后续阶段，使用者可选择更换新型的功能表带或更新"可编程模块"表带，适应科技与时代发展所带来的需求变化，满足个性化使用需求。

Blocks智能手表通过网络平台与目标用户建立了实时的联系，提高了产品对市场与用户需求的反馈速度，也使其能更精准地把握目标用户的个性化需求。同时，通过对模块化表带的持续微小化、个性化创新与研发，在低成本的情境下实现了产品的快速化、可持续化创新，提升了产品的活跃度与用户黏度。

由上述案例可见，实体产品在设计开发中，可通过参与式、模块化、小批量化、平台化、微小创新等多种方法，为产品的快速迭代、持续创新提供可能。

四、持久改进

用户的需求是不断变化的，互联网产品就像快速消费品，要想长期保持用户黏度，就必须通过持久的改进更新来实现。就如同一款手机游戏，它的生命周期平均在6～12个月，因此不少手游公司通过不断的微创式迭代更新，添加不同的游戏道具、奖励机制、新关卡等来延伸手游的生命周期。

第三节　互联网迭代思维创业

传统企业做产品的路径是：不断完善产品，等到完美的时候再投向市场，若要修改完善就要等到下一代产品了。互联网思维则不然，互联网思维讲求的是快，尽快将产品投向市场，然后通过用户的广泛参与，不断修改产品，实现快速迭代，日臻完美。尤其是正处于创业期的中小企业更要注意这个问题，树立迭代意识。

在互联网行业，产品是以用户为导向在随时演进。因此，在推出一个产品之后要迅速收集用户需求并且及时进行产品的迭代——在演进的过程中注入用户需求的基因，完成快速的升级换代，不断裂变成长，才能让用户体验保持在最高水平。

一、迭代思维在创业中的体现

天下武功，唯快不破。互联网创业，速度一定要跟上去，"快"就是互联网创业的利器。一旦速度跟不上，就会面临一系列解决不完的问题。而迭代就是解决这一问题的关键：迭代是循环执行、反复执行的意思，它是颠覆式创新的灵魂。

2000年，百度完成了第一版的搜索引擎，功能已经相当强大，超过市面上的其他搜索服务，但是单从纯技术的角度来看，第一版搜索程序或许还存在一些提升的空间。开发人员秉承软件工程师一贯的严谨作风，对把这版搜索引擎推向市场有些犹豫，总是想做得再完善一点儿，然后再推出产品。当时，对是否立刻将这款并不完美的产品推向市场，百度几位创始人的意见很不统一。最后，李彦宏下了结论："你怎么知道如何把这个产品设计成最好的呢？只有让用户尽快去使用它。既然大家对这版产品有信心，在基本的产品功能上我们有竞争优势，就应该抓住时机尽快将产品推向市场。"

实体产品与互联网产品相比，最显著的差异就是生产周期与迭代速度，因此在实体产品设计生产中可引入"敏捷制造"的概念，采用柔性化、模块化的产品设计方法和可重组的工艺设备，并借助仿真技术让用户很方便地参与设计，使产品的功能和性能根据用户的具体需要进行改变，从而快速地生产出满足用户需求的产品，加快产品的迭代速度，缩短产品的生产周期。

二、迭代思维在产品中的体现

移动互联网产品策略层中，战略层确定抽象的产品目标，而范围层是将战略转化为实际需求，包括产品功能与特性的需求。由于产品目标会随着不同阶段的发展产生变化与调整，因此互联网产品会在生命周期的不同阶段，通过迭代更新等调整手段实现不同产品功能与特性需求的满足。这一演进方式越来越多地在新兴产品设计开发中得到体现。

QQ浏览器与腾讯王卡合作，在8.3版本实现了全网免流的功能，不仅观看浏览器自带的新闻、视频免流量，访问非腾讯的网站，如百度、微博、优酷等也全部免流量。这种通信产品的免费升级体现了这款产品完全具备了互联网运营的思维。

互联网是一个快速发展的行业，每天都有新的事物产生，用户需求变化得非常快，竞争也很激烈，一旦速度跟不上，就会被淘汰。"快速迭代"是对产品的基本要求，能否做得足够快已成为衡量一款产品研发是否成熟的标准之一。互联网产品的爆发一般是在3～7天，决胜期是1个月之内，如果想成功还必须要持续创新。所以，在创业的过程中"小步快跑、快速迭代"是制胜的关键。

本章小结

本章首先介绍了互联网迭代思维的概念、性质和特点；然后阐述了互联网迭代思维创新的特征和方法；最后对互联网迭代思维创业的途径进行阐述。

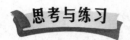

实践训练 ▶▶

1. 浏览淘宝网，选择皇冠级别的网上店铺，分析网上店铺使用的营销战略中哪些包含迭代思维方法，说出自己的心得体会。

2. 假设你要开一个微店，请结合本章所讲述的知识，为自己的店铺设计一份电子商务营销策划书，策划书中要体现用户思维、简约思维与迭代思维的具体运用。

简答题 ▶▶

1. 互联网迭代思维的含义及作用是什么？

2. 从迭代思维出发，企业怎样才能找到更多的"创新点"？

3. 如何利用迭代思维更好地指导中小企业创业？

案例分析题 ▶▶

时装界的互联网产品——ZARA

1975年设立于西班牙的ZARA，隶属于Inditex集团，为全球排名第三、西班牙排名第一的服装商，在世界各地56个国家设立了两千多家服装连锁店。ZARA深受全球时尚青年的喜爱，品牌设计师的优异设计，价格却更为低廉，简单来说就是让平民拥抱时尚。

ZARA的设计团队对时尚潮流的把控能力、复制能力都是一流的。ZARA的经营理念是"只有消费者最爱才是我们的设计，只提供消费者想要的"。从最开始在时髦的路人身上找灵感，到去四大时装周上找创意，ZARA一直在全力关注消费者爱买什么、爱穿什么，而这正是因为ZARA知道"互联网+"中加的是什么——消费者需求。

ZARA在其新货构成中，65%按计划生产，35%机动调整。此前这35%的机动调整是靠遍布全欧洲的买手来提供创意、设计，而现在则依靠互联网来实现。在社交媒体Instagram、Facebook上"潜伏"着很多ZARA的买手，每个人都关注了数量众多的时尚人士。

ZARA并不介意从一个普通的用户身上寻找灵感，也不介意试错。时尚圈2013年的极简风、2014年的运动风，ZARA都能在第一时间捕捉到流行风潮并推出产品，真正做到了"我们的设计一定是消费者想要的"。除了设计以外，非常关键的一点是：ZARA全部自营店的管理方针是从设计、数据采集到销货完全以客户导向，百分百"以顾客为中心"。这种将前后端紧密相连(O2O)，通过销售数据随时调整生产运营的手法，也正是今天"互联网+"下企业发展的重要模式，即"互联网+"下做营销需要与顾客互动。

可以说ZARA本身就像一款互联网产品，能不断地快速迭代，随时增删或优化自身的功能。ZARA真正做到了把顾客体验做到每个细节中去，而且它所强调的顾客体验虽不是最贴心的，但绝对是最符合消费者期待的，只求抓住核心用户，刺中用户痛点，一款成功的产品只解决用户的一个需求。

ZARA是一家互联网化的企业，其中一个重要的依据就是，它的新品推出和库存控制充分运用了迭代思想。这也是"顾客至上"的互联网思维，ZARA确实做到了对市场的快速反应。ZARA在经营思想上非常灵活，不以条条框框束缚品牌，而是不顾一切地以向前发展为动因，在试错中成长。

在互联网时代，商业机会几乎都是平等的、透明的、开放的，但是有些企业能顺势崛起，而很多巨大的商业帝国却在衰落。其中有众多的原因，而重要的是思维的定式及对环境的长期麻木，对互联网带来的消费理念、生活方式及竞争格局毫无觉知，这也正是为什么在"互联网+"时代要研究、模仿ZARA的原因。

讨论：

1. 简述ZARA的经营模式。

2. "互联网+"具有什么作用，其对于企业有什么帮助？

第五章
互联网社会化思维与创业

开篇案例

2018年国庆期间，支付宝联合200多家全球商家在微博上发起了一场"祝你成为中国锦鲤"的微博活动，各大品牌广告商迅速反应加入，纷纷在评论区留下各自提供的奖品内容。而微博粉丝只需转发微博，就有机会成为集全球独宠于一身的"中国锦鲤"。

本次活动创造了企业微博社会化营销历史新纪录：单条微博阅读量超过2亿，周转发量超过310万次，涨粉200多万人次，互动总量超过420万次，后续媒体报道持续超过一周，长时间霸占了微博热搜榜。一时间带动全国各地微博号、公众号纷纷效仿。而支付宝只在微博开屏上投了广告，预计成本不会超过50万元人民币。

学习目标

● 明确社会化思维的概念及重要性。
● 了解利用社会化思维的商业创新模式。
● 能够找出利用社会化思维成功创业的案例。

第一节　社会化媒体

一、社会化媒体的定义

社会化媒体，即社会媒体(Social Media)，也称社交媒体，指互联网上基于用户关系的内容生产与交换平台，是人们彼此之间用来分享意见、见解、经验和观点的工具和平台。从基本形式上看，社会化媒体现阶段主要包括博客(微博客)、播客、论坛、社交网络、内容社区等。

社交媒体在互联网的沃土上蓬勃发展，爆发出令人眩目的能量，其传播的信息已成为人们浏览互联网的重要内容，不仅制造了人们社交生活中争相讨论的一个又一个热门话题，更吸引了传统媒体争相跟进。

二、社会化媒体的发展

从目前来看，社会化媒体的影响力正与日俱增，但社会化媒体也不是一夜造就的，它也走过了一段相对漫长的发展道路。

(一) 萌芽时期(1980—1989年)

1. 即时通信

互联网中继聊天(IRC)于1988年产生，用于文件、链接的共享或其他方面的联络。它是即时信息的真正鼻祖，IRC主要是基于UNIX的，且限制向大部分人的访问。ICQ开发于20世纪90年代中期，是第一个即时信息的计算机程序，采用了头像、缩写词(LOL、

BRB)和表情。在它之后，即时通信客户端接踵而至。

2. 交友网站

交友网站有时候被认为是最早出现的社会化网络，允许用户创建配置文件(通常附照片)并与他人联络。

3. 论坛

网上论坛在社会化媒体的演进过程中起到了重要的作用，它是流行于20世纪70年代和80年代的BBS的演化形式，但通常有着更加友好的界面，使非技术型访客也能很轻易地使用。

(二) 成长时期(1990—2003年)

1. 社会化网络

Friendster是第一个真正的通用社会化网络，成立于2002年。LinkedIn建立于2003年，是最早致力于商务用途的社会化网络之一。MySpace成立于2002年，到2006年，它已经成为世界上最热门的社会化网络。在2004年，Facebook由仅仅在哈佛大学内部的社会化网络，迅速扩展到其他高校，之后是中学、商务领域和所有网民。

2. 利基社会化网络

随着社会化网络平台的增加，一些用作专门用途的利基网站开始出现。现在，针对每一个网络营销与策划、爱好、兴趣、行业或集团，几乎都有专门的社会化网络站点。Ning是一个建立利基网络的平台，Ning里面的网络可以拥有极强的自主性，甚至通过付费还可以使自己的网络独立出来。

3. 公司主办的社会化网络

各行各业的企业建立了相当数量的社会化网络站点。AuthonoMy是一个例子，它是HarperCollins英国分公司建立的一个作家网络，它吸引了来自全球各地成千上万的满怀热情的作家。

4. 多媒体共享网络

社会化媒体并不局限于社会化网络站点，分享照片、视频和其他多媒体内容也是社会化媒体中颇受欢迎的内容。近年来，Flickr已经凭借自身实力成为一个社会化站点，上面有群组、照片库，允许用户创建配置文件、添加好友，或将照片整理成图像或视频专辑。YouTube是首个视频托管与共享站点，创立于2005年，用户可以上传长达10分钟的视频并通过YouTube分享或将其嵌入其他网站(社会网络、博客、论坛等)。

5. 社会化新闻与书签

20世纪90年代中期出现的社会化新闻和书签站点，给人们带来了一种获取世界动向和发现趣味内容的全新方式。通过Delicious、Digg和Reddit等站点，用户可以将自己发现的有趣的新闻分享给更广的人群，消息因此得到了更广泛的传播。

(三) 成熟时期(2004—2010年)

2004年，Web2.0的概念正式被提出，这成为社会化媒体诞生的主要标志，Facebook、Twitter均诞生在这个阶段。其中，实时更新已经成为社会化媒体的新准则。随着2006年Twitter的出现，状态更新已成为社交网站的新标准，现在几乎所有的社会化网络都已经实现了实时更新。Facebook，MySpace，LinkedIn等社会化媒体网站都允许其用户实时更新状态。

(四) 大规模应用时期(2010年至今)

2010年至今，是社会化媒体的大规模应用时期。随着智能终端的普及，大量的社会化媒体应用开始流行起来，如微博、微信、陌陌等应用，极大地丰富了普通人的生活。

三、社会化媒体的基本形式

目前，社会化媒体有八种基本的形式。因为在社会化媒体领域，创新和变革每时每刻都在发生着，所以其形式也时时在变化。本节仅列出几种常见的形式。

(一) 电子邮件

互联网本质上就是计算机之间的联网。早期的E-mail解决了远程的邮件传输问题，至今它也是互联网上最普及的应用，同时它也是网络社交的起点，人们在无法见面的时候除了写信和打电话外有了一个更低成本和更方便的交流方式。另外，它引入的"群发""转发"等模式也放大了个体信息传输节点的量能。但邮件有很大的人群局限性，只能向知道地址的人传输信息和进行社交活动。

(二) 博客(Blog)

Blog的全名是Weblog，中文意思是"网络日志"，后来缩写为Blog，而博客(Blogger)就是写Blog的人。从理解上讲，博客是"一种表达个人思想、网络链接、内容，按照时间顺序排列，并且不断更新的出版方式"。简单地说，博客是一类人，这类人习惯于在网上写日记。博客可能是社会化媒体最广为人知的一种形式。

Blog是继E-mail、BBS、ICQ之后出现的第四种网络交流方式，是网络时代的个人"读者文摘"，是以超级链接为武器的网络日记，它代表着新的生活方式和新的工作方式，更代表着新的学习方式。具体说来，博客这个概念可解释为使用特定的软件，在网络上出版、发表和张贴个人文章的人。

一个Blog其实就是一个网页，它通常是由简短且经常更新的帖子所构成，这些张贴的文章都按照年份和日期倒序排列。Blog的内容和目的有很大的不同，从对其他网站的超级链接和评论，有关公司、个人的构想，到日记、照片、诗歌、散文，甚至科幻小说的发表或张贴都有。许多Blogs是个人心中所想之事情的发表，其他Blogs则是一群人基于某个特定主题或共同利益领域的集体创作。

(三) 社交网络

人们可以在社会化网络站点上建立个人的主页，在朋友之间分享内容并进行交流。最著名的社交网络之一是MySpace，建立于2003年，它为全球用户提供了一个集交友、个人信息分享、即时通信等多种功能于一体的互动平台。国内婚恋网站从2005年起风起云涌，至今已先后涌出300余家大大小小的交友网站。其中，仅在包括嫁我网、百合网、中国红娘网、世纪佳缘等各大婚恋网站上注册的网民就超过2000万人次。

国内最大的社交平台是腾讯公司推出的微信，目前拥有的用户数量达到10亿人次以上。

(四) 内容社区

内容社区是组织和共享某个特定主题内容的社区，最流行的社区一般集中了照片

(Flickr)和视频(YouTube)等内容。人肉搜索就是利用现代信息科技，变传统的网络信息搜索为人找人、人问人、人碰人、人挤人、人挨人的关系型网络社区活动，变枯燥乏味的查询过程为"一人提问、八方回应，一石激起千层浪，一声呼唤惊醒万颗真心"的人性化搜索体验。今天，当某些社会新闻中的个体在论坛中引起争议时，就会有人倡议用"人肉搜索"将相关人的资料全部查出公开在网络上。参与"人肉搜索"的大都是相互间不认识的个体，他们可能不在同一个城市，但是为了共同的目的进行同一项工作。对他们来说，体验侦探的快感和偷窥别人隐私的莫名兴奋感、成就感是支撑他们完成这项工作的原始动力。很多时候，他们关注的不是事件本身的具体意义，而是关注自己将在其中扮演什么样的角色，在网络上引发出的漩涡效应会有多大等，不过有时也会产生一定负面效应。

(五) 维基(WiKi)

WiKi是一种多人协作的写作工具。WiKi站点可以由多人(甚至任何访问者)维护，每个人都可以发表自己的意见，或者对共同的主题进行扩展或者探讨。

WiKi是指一种超文本系统，这种超文本系统支持面向社群的协作式写作，同时也包括一组支持这种写作的辅助工具。可以在Web的基础上对WiKi文本进行浏览、创建、更改，而且创建、更改、发布的代价远比HTML文本小。同时，WiKi系统还支持面向社群的协作式写作，为协作式写作提供必要帮助，WiKi的写作者自然构成了一个社群，WiKi系统为这个社群提供简单的交流工具。与其他超文本系统相比，WiKi具有使用方便及开放的特点，所以WiKi系统可以帮助我们在一个社群内共享某领域的知识。

WiKi最适合作为百科全书、知识库，以及整理某领域知识的知识型站点，几个分布在不同地区的人利用WiKi协同工作共同写一本书等。WiKi技术已经被较好地用在百科全书、手册 / FAQ编写、专题知识库方面。

(六) 播客

播客指可以通过Apple iTunes等软件来订阅的视频和音频内容。

(七) 论坛

论坛是用来进行在线讨论的媒介，通常围绕着特定的话题。传统BBS即论坛，是最早出现的社会化媒体，同时也是最强大、最流行的在线社区平台。社会化媒体的创新之处在于人们可以比以往任何时候更方便地找到信息、灵感、志趣相投的朋友、社区或者合作伙伴。在社会化媒体中，新观点、新服务、新商业模式、新技术百花齐放，争奇斗艳。

(八) 即时通信

即时通信就是现在流行的QQ、飞信、微信、淘宝旺旺、新浪UC、TOM-Skype等，它们已经成为我们生活和工作中不可缺少的伙伴。它在细分不同人群的同时也让用户更加多元化，可以生活，可以工作，可以游戏，满足用户全方位的需求。

四、社会化媒体的特征

社会化媒体是一种给予用户极大参与空间的新型在线媒体，它具有如下特征。

(1) 参与。社会化媒体可以激发感兴趣的人主动地贡献和反馈，它模糊了媒体和受众之间的界限。

(2) 公开。大部分的社会化媒体服务都可以免费参与，它们鼓励人们评论、反馈和分享信息。参与和利用社会化媒体的内容几乎没有障碍。

(3) 交流。传统的媒体是一种"广播"的形式，内容传输或散发到用户那里，是一种单向的流动。而社会化媒体的优势在于，信息的传播是双向的，是一种交流的途径。

(4) 社区化。在社会化媒体中，人们可以很快地形成一个社区，并就共同感兴趣的内容进行有效的沟通。

(5) 连通性。大部分的社会化媒体都具有强大的连通性，通过链接和整合，将多种媒体融合在一起。

五、社会化媒体的基本功能

(一) 形成越来越模糊的组织边界

以共同的爱好形成社区组织，在如今的社交网络中也开始广泛出现。这种组织可以包容不同年龄、性别、收入、地理位置的用户，他们往往以简单的爱好为纽带，通过分享这种双向沟通机制联系起来。最为成功的一个例子是以苹果公司的iPod产品为中心的iPod俱乐部，这个在互联网上自发成立的组织人数达到了数十万人，分布在世界各地，他们为苹果公司带来了巨大的口碑价值。

(二) 进行低成本的沟通

沟通的低成本与高效率，降低了一个社群建立的成本。在那些虚拟的空间中建立自己的一个社群或是社区只是点击几下鼠标那么简单，普通人可以在网络中建立几个主题不同的群组，并加入另外几个群组。而在现实生活中，个体要建立或是加入一个社群或组织是比较困难的。

(三) 以小规模的核心人群影响大规模的非核心人群

社会化媒体可以进行极度细分，并且以小规模的核心人群影响大规模的非核心人群。在很多互联网公司的应用平台中，都有一项用户点评的功能，比如在携程网或是在淘宝网上，每个预订酒店或是购物的人，都会看一看前面的用户对某个酒店或是商家的评价，尽管真正产生内容的人也许不到总消费者的1%，但是他们的评价和意见会大大影响其后用户产生的商业行为。这也就是那些在互联网上的意见领袖所具有的核心价值。

(四) 让"人人都是推销员"成为可能

在传统零售业，消费者个体之间的相互影响力是极弱的，来来往往的陌生人很难就某款商品进行交流和心得分享。现在，由于社会化媒体更低的社交成本和更大的社交圈子，降低了个人影响力的门槛，这显然让"人人都是推销员"成为可能。因为在互联网创造的社区中，每个人都可以成为中心，他们可以通过各种技术工具在虚拟空间中展示自己，并以此影响着身边的群体。

博客就是一种满足"五零"条件(零编辑、零技术、零体制、零成本、零形式)而实现的"零进入壁垒"的网上个人出版方式，从媒体价值链最重要的三个环节，即作者、内容和读者三大层次实现了"源代码的开放"。

(五) 让人力资源发挥作用

企业可以依靠网络中社区的力量，让社区中的个体充当企业的员工，发现问题、提出解决方案，以群体的智慧来推动企业发展。例如，360安全卫士的创始人周鸿祎曾说："我们是在做发动群众的工作，群防群治。"周鸿祎认为要让个体组成大规模的协作型组织，就必须将自己做成一个社区，在这个社区中让所有的成员都减小相互之间的沟通成本，最为重要的是让他们能够形成一个共同的理念和价值观，这样他们才有可能不计报酬地为某项事业奉献出自己的智慧和能力。

(六) 提高研究效率

过去传统的调研方法无非是问卷调查、电话访谈等，不仅耗时耗力，而且所得的资料也受制于空间和时间的局限。而在网上社区进行调研工作就可以避免这些烦琐的过程，利用各种社会化媒体等现代先进的调查研究方法提高了研究效率，使得调查研究工作变得轻松自如。通过研究，甚至可以精确被调研对象的社交圈性质、其发布的信息在网络中的传递方式，以及结交朋友的方式。

六、社会化媒体的内涵

(一) 社会化媒体的基础

社会化媒体的基础是社会化网络。所谓社会化网络，是指人与人之间的关系网，表现在互联网上就是以各种社会化网络应用如博客、微博、社交网络(SNS)等构建的社会化网络服务平台。在传播手段上，社会化网络整合了包括博客、个人主页、电子邮件、即时通信、语音/视频、文件共享、小组讨论、团购电子商务等在内的多种形式；在结果上，则是将网民真实的人际社会关系和活动迁移到互联网上。社会化网络不是一个新概念，早在20世纪60年代，就有互联网基础设计的专家提出在线互动社区的设想，即在多数情况下社区的成员们在地理位置上是分开的，有时聚合成一群，有时又各自分开。这样的社区不是聚合了同一地区的人，而是将相同爱好的人聚合在一起。而早期facebook的很多组成部分也都是20世纪90年代末由其他类似网站首先尝试的。

(二) 社会化媒体的形式分类

当前，社会化媒体发展呈现井喷式，形式多样，涵盖了大部分的互联网应用，表5-1对当前社会化媒体的格局分类进行了总结。

表5-1　社会化媒体格局概览

序号	社会化媒体类型	国外典型代表	国内典型代表
1	社交网络	Facebook	豆瓣网、知乎网
2	商务社交网络	LinkedIn	优士网、若邻网
3	微博	Twitter	新浪微博、腾讯微博
4	视频分享	YouTube	优酷、土豆
5	社会化电子商务	Groupon	美团网、饿了么
6	签到/位置服务	Foursquare	街旁、开开
7	即时通信	Skype	QQ、微信
8	RSS订阅	Google RSS	百度 RSS
9	消费点评	Yelp	饭统网、大众点评
10	百科	WiKi	百度百科、360百科、搜狗百科
11	问答	Answers	知乎、天涯问答
12	社会化书签	Delicious	QQ书签
13	音乐/图片分享	Flickr	虾米网
14	博客	Blogger	新浪博客
15	论坛/论坛聚合	BigBoards	猫扑、百度贴吧
16	社交游戏	Zynga	微信游戏

从网络的角度看，社会化媒体一般可分为社会关系层、功能平台层和应用层三个层面，且相互匹配，如图5-1所示。以国外主流社会化媒体为例，Facebook是双向关系、社交型互动平台和社交型应用匹配融合的典型，而Twitter是单向关系、内容传播平台和内容型应用匹配融合的典型。

经过进一步研究发现，无论是哪一种形式的社会化媒体，其主要驱动模式要么是基于用户关系，要么是基于UGC内容分享，只不过耦合强弱程度有所不同。以Facebook为例，社交是其主要功能，故它是典型的用户关系驱动型社会化媒体；而YouTube以视频内容分享为其主要功能，故它是典型的内容驱动型社会化媒体。图5-2简要归纳介绍了社会化媒体的驱动模式。

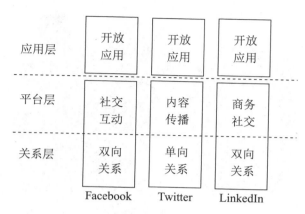

图5-1　社会化媒体的网络结构

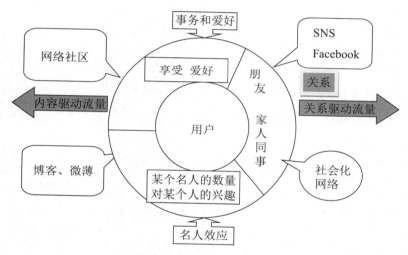

图5-2　社会化媒体的驱动模式

（三）社会化媒体与传统媒体的区别

社会化网络和媒体的兴起与互联网的发展密不可分。与传统媒体相比，新型社会化媒体的最大区别是依靠广大网民主动衍生，具有主体高度参与、双向交流、人人生产内容、公开共享、社区化和多媒体化等特征，极大激发了广大网民主动向社会贡献和反馈内容的积极性，极大提升了网民之间的交互性和内容之间的关联性。另外，从传播模式上看，传统媒体是以媒介为中心的、一点对多点的广播模式，信息传播的通路是单向、非互动的，如图5-3所示。

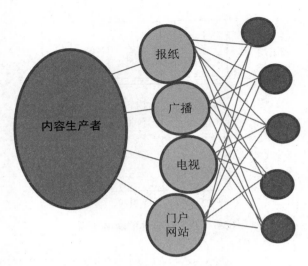

图5-3　传统媒体的传播模式

社会化媒体的传播是以网民之间高度的自由互动、实际直接参与来构建的一个庞大的人人共享的公共空间，其基础是以个人为中心的星状网络模式，信息通路是四通八达、交叉层叠的双向通路，信息传播可以像病毒一样极其迅速而高效地蔓延。社会化媒体与传统媒体主要区别总结，如表5-2所示。

表5-2　社会化媒体与传统媒体主要区别总结

传统大众媒体	新型社会化媒体
少数的传播机构，信息由专家生产，是喉舌导向，代表政府、企业等官方言论	大众是信息的生产者、发布者和传播者
信息单向传播，大众无法在阅读中参与意见	信息双向流动，大众可以在阅读中参与意见，信息边传播边改变
信息的存在和权重取决于发布者	权重由网民的喜好决定，成为信息的主人，具有一定的舆论影响力
面向大规模受众，但受众之间没有关系	用户之间建立了社会关系
高资源投入(人、网络、设备等)，高风险	个性化，成本低

七、社会化媒体引发消费者行为转变

(一) 传统消费模式

传统消费者行为模式(AIDMA)认为，消费者从接触商品信息到最终达成购买，会经历如下5个阶段。

A(attention)引起关注：通过大众化媒体广告、终端促销等方式获知商品信息，并引起对该商品的关注。

I(interest)产生兴趣：消费者对已关注的商品产生兴趣。

D(desire)培养欲望：消费者对该商品形成购买欲望。

M(memory)形成记忆：通过广告等传播形式的反复作用加强记忆，形成对该商品的深度认知。

A(action)促成行动：最终购买该商品。

(二) 社会化媒体消费模式

随着社会化媒体的快速崛起，消费者拥有了更广泛的话语权，其行为模式已经发生了巨大改变。例如，一位消费者关注了一款化妆品，一般会带着兴趣在搜索引擎或自己常逛的消费类网上社群搜一搜，如果觉得化妆品介绍及社群内网友评价都不错的话，可能就会选择购买。使用一段时间后，该消费者可能会在社群上写出自己的消费体验，与其他网民进行意见分享，从而成为下一个消费者购买该化妆品的参考信息源。

因此，在社会化媒体时代，消费者行为应该是AISAS模式：新颖的创意吸引了受众的关注或注意(attention)，创意的互动性激发受众产生参与的兴趣(interest)，然后受众开始搜索(search)与诉求相关的品牌信息，在对品牌或者诉求有了足够的了解后，产生互动参与行动或者购买行动(action)，最后，分享(share)产品的消费体验，形成口碑传播。社会化媒体时代消费者行为流程，如图5-4所示。

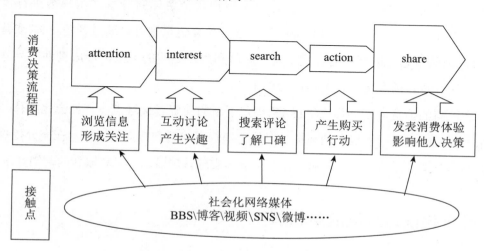

图5-4　社会化媒体时代消费者行为流程

AISAS中的search(搜索)可看作是使用站内或者通用搜索引擎进行搜索，而share(分享)在很大意义上是利用社会化媒体网站。由于自主搜索(search)与分享(share)的出现，消费者的消费决策正被社会化媒体之中的各种互动、讨论式信息传播所左右，所有的信息正以社会化媒体为中心进行聚合，并产生成倍的扩散传播效果，从而使得传统单向购买决策流程转变为互动式消费体验信息搜索与分享一体化的循环流程。互动式消费者体验信息搜索与分享循环流程，如图5-5所示。

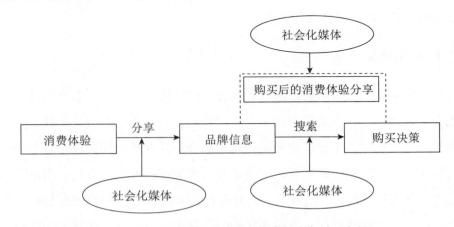

图5-5　互动式消费者体验信息搜索与分享循环流程

其中，散落在社会化媒体中的品牌信息是影响潜在消费者做出最终购买决策的关键性因素。作为连接企业与用户间互动关系纽带的品牌信息，是经营主体(品牌)需要密切关注的中心环节。

在品牌信息的传播中，一部分来自现实用户的消费体验分享，用户会进行自发传播，经营主体不能控制，但可以引导；另一部分品牌信息则可以通过经营主体(或营销代理商)有意识的策划，以互动的方式来实现品牌和用户之间的连接，形成良性的品牌信息环境，这应该是目前经营主体关注的营销重点。

总之，新的消费者行为模式(AISAS)决定了新的消费者接触点——社会化媒体。企业接下来需要做的就是：积极主动地把自己的营销触点渗透到社会化媒体，在充分挖掘各种社会化媒体营销价值的基础上，通过社会化媒体实施营销活动，以获取新的营销竞争力。

八、社会化媒体发展的新趋势

社会化媒体的发展彻底改变了互联网的生态面貌，把"信息社会"的概念推向新的高度。同时，社会化媒体在发挥重要的信息传播和组织功能的基础上，不仅在形式上颠覆了传统的媒体，而且关键时刻能够代替部分通信功能，改变了人们传统的思维和观念，并从内容提供、内容采编、内容传播和接收终端等方面对媒体产业链带来了深刻的变革，对社会经济领域产生了深远的影响，如图5-6所示

传统媒体	内容提供	内容采编	内容传播	接收终端
传统媒体	通信社 自由撰稿人 影视公司	报社 广播台 电视台	报纸派送渠道 广播网络 有线电视网络	报纸 收音机 电视台
社会化媒体	博客 拍客 草根游戏开发	综合门户/SNS 搜索引擎/博客 微博	宽带/无线网 手机网络/IPTV	电脑/笔记本电脑 手机/平板电脑 PSP

图5-6　媒体产业链的变革

社会化媒体发展主要包含如下三个新趋势。

1. 微博发展步入快车道

微博的形式精简，短平快的信息获取方式符合快节奏的现代生活和碎片化的闲暇时间；功能强大，支持文字、图片、音频、视频等多媒体信息，能够给用户良好的使用体验；关注与被关注的双向性，具有高度的社会化和低成本性，能够满足用户多层次的社交需求；多途径发布，多平台呈现，信息在短时间内病毒式大规模扩散，使其成为当前极具时效性和影响力的分享交流信息的工具和自媒体平台。

2. 网络营销日益重要

在传统媒体环境下，用户购买决策的过程是相对私人和封闭的，前期的品牌广告宣传和终端的陈列、服务是影响用户购买决策最重要的环节。而在移动互联网时代，海量的内容和多元化应用，使用户注意力进一步被分散，用户注意力成为稀缺资源。如何吸引消费者的注意力成为网络营销的重中之重。基于社会化媒体的网络营销并未改变用户的购买行为，而是强化了其中的用户反馈，同时利用最新社会化媒体工具和多频次的接触点，吸引广大用户关注，并以好友或粉丝的人际关系链条把品牌信息不断延展和扩散，让每一份网络流量，都成为品牌信息的载体，放大"微接触点"产生的效果。可以预见，打造健康的行业社会化媒体生态圈并基于此进行品牌推广、渠道拓展和联合营销

将成为未来企业营销的常态。

3. 社会化电子商务方兴未艾

传统电子商务与新兴社会化媒体实现平台对接，将各式各样的网站、社区、餐厅、酒店、购物终端、IM工具等纳于一体，构建出无限互联的新型社会化电子商务平台。基于这一平台，广大用户不仅可以购买优惠券、进行秒杀、参与团购等活动，同时每个用户都拥有自己的社会化电子购物圈，共同分享关于购物的经历，极大丰富了电子商务的内涵，扩展了电子商务的外延。

第二节　互联网社会化思维

一、互联网社会化思维概述

(一) 社会化思维定义

社会化思维是指组织利用社会化工具、社会化媒体和社会化网络，重塑企业和用户的沟通关系，以及组织管理和商业运营模式的思维方式。

提到社会化媒体，很多人的概念里还是在微博、微信、Facebook、Twitter等社会化媒体平台上做些宣传推广活动，博得眼球。看社会化媒体投资回报就是计算增加多少粉丝、评论、转发，总而言之社会化媒体就是市场推广的工具。事实上，社会化媒体的发展早过了单单只利用网络媒体平台进行市场推广的阶段。

社会化媒体是"互动式"在线媒体的总称，本质是"用户即媒介、用户可参与创造内容"。目前一种大联结主义被称为社会化媒体，它们的目标是通过尽可能多的方式将每个人与他自身以外的所有人联结起来，此时人就是节点，它们产生信号。世界上发生过的一切和人们所做的一切都会联系起来，这种联系还会递增，人的关系完全呈现在网络上，为信息沟通和关系建立带来变革。

社会化媒体对人的网络使用甚至生活习惯造成了改变，企业以前熟悉的通过大众媒介对用户传播信息的营销方式，以及由此而形成的企业内部工作流程，正在被快速、密集的与用户直接接触所挑战，这个挑战同时来自社会化网络本身及企业内部，也必将会让企业发生变革，推动企业用社会化思维来思考商业形态的变革和进化，社会化媒体的时代已经到来。

(二) 社会化思维的内涵

在互联网的社会化思维中，社会化媒体是手段，社会化网络是途径，社会化工具是关键，重塑企业和用户的沟通关系，以及组织管理和商业运营模式是目标。

社会化媒体的重要特征是人基于价值观、兴趣和社会关系链接在一起。公司面对的用户是以网状结构的社群形式存在的。同时，社会化媒体让信息传播更快，让世界更小，这导致企业和品牌用户的沟通关系发生根本性的变化。

二、社会化思维的营销策略

社会化思维的营销主要是利用社交媒体进行的，社交媒体(博客、论坛、维基、播客、视频博客、职业社交网站、企业社交网站和其他工具)几乎出现在每一个行业，利用社会化思维进行营销主要包括六大策略主题。

1. 关注目标

顾客、潜在顾客和商业伙伴间都是相互关联、彼此分享和共同成长的。因此，企业要以真诚和开放的态度运用社交媒体，并懂得市场总是在监督公司的行为。比起公司宣传，潜在顾客更信赖公司现有顾客的评价，并且他们正在用社交媒体工具加强相互间的交流。

2. 少即是多

社交媒体的参与者主宰着网络对话，而顾客也通常早于公司使用媒体工具发表言论。所以，公司在参与社交媒体时，不能过分主导和控制，因为对对话的控制越严密，社交媒体的利用价值就越小。

3. 网络对话

社交媒体可以用来与顾客建立联系，借此公司可以参与到网络社区的活动当中。社区最显著的作用就是其凸显的数字化和即时、真实的网络对话。公司可以阅读、参与甚至测量分析这些对话，使它们成为自己的资本。

4. 从深度上运用于公司管理

社交媒体工具将会改变管理者与员工和公众的交流方式；客服部门也可以使用社交媒体方便地与顾客互动；管理层可以把这些工具整合到公司计划之中，然后以自上而下的方式进行传递；而普通员工则将是社交媒体工具的实际使用者。

5. 从广度上运用于公司宣传

社交媒体在公司中的运用将不仅仅限于市场营销和公关，通过网络中各种媒体模式公司的各个部门都可以与顾客展开互动，宣传公司的产品、服务等。由此，公司可以削减客服开销，以近乎即时的速度接受用户意见，反馈处理结果，并制造更好的产品，甚至可以更简单方便地找到适合企业的人才。在使用社交媒体工具来展开对话、接触顾客，并与他们建立联系的过程中，每个员工都能有所贡献。

6. 结合顾客生命周期

经验丰富的公司会在顾客生命周期的各个阶段使用不同的社交媒体工具，觉察商机、参与对话、普及知识、广告宣传、协调关系、部署战略、客户服务、产品研发、顾客反馈、赢得市场和竞争情报，过程循环反复。

综上所述，公司应该重视对话中发生的质化反应，关注社交媒体的对话、对话中的人、角色定位、对话的测量分析、社交工具在公司内部的深广度建立等，并从顾客生命周期的角度拓宽社交媒体工具的时效性。

第三节　社会化思维与社会化商业时代

社会化商业时代的核心是互联网，公司面对的消费者以互联网用户的形式存在，这将改变企业生产、销售、营销等整个形态，社交媒体成为企业与消费者之间沟通交流的平台，信息正在以前所未有的速度传播，企业只有做到真正透明、开放，才能得到更多消费者的拥戴，才能获得更多利润。

"做一家真正透明的企业，利用社会化媒体，分享越多，得到越多"，这是在互联网社会企业遵循的法则之一。

一、社会化思维下的用户形式

在传统商业时代，消费者以点的形式存在，他们彼此不联系、不沟通、不讨论，与公司是垂直参与关系；在社会化商业时代，社会化媒体实现了大联结，它通过尽可能多的方式将每个人与除他自身以外的所有人联系起来，用户以网的形式存在，他们通过社会化媒体建立起完善的沟通模式，与公司处于平等的关系。

社会化媒体对人的网络使用甚至生活习惯造成了改变，企业以前熟悉的通过大众媒介对用户传播信息的营销方式，以及由此而形成的企业内部工作流程，正在被快速、密集的与用户直接接触所挑战，这个挑战同时来自社会化网络本身及企业内部，也必将会让企业发生变革，推动企业用社会化思维来思考商业形态的变革和进化，社会化媒体的时代已经到来。

二、社会化商业时代企业与用户的关系

社会化商业时代的重要特征是人基于价值观、兴趣和社会关系链接在一起，公司面对的用户是以网状结构的社群形式存在的。同时，社会化媒体让信息传播更快、让世界更小，这导致企业与用户的关系发生根本性的变化。

(一) 基于平等的双向沟通

社会化媒体的本质就是"人人都是自媒体"，个人的声量和话语权在不断增大，传统媒体和依附传统媒体传播的品牌和企业的话语权在变弱。由于用户掌握话语权，加上社会化媒体的实时性和交互性，所以用户正在从被动转向主动，从单向接受信息转向双向交流信息，他们希望与企业进行平等对话，渴望与品牌进行互动交流；期待企业和品牌保持活跃度，并希望企业能倾听他们的需求，能快速做出正确的反映。在这种背景下，因为用户希望能跟企业平等沟通，那么企业就要把自己当成一个人，而不是冰冷的组织，更多地聆听和采纳用户的建议。

在社会化媒体环境下，以"个人"为单位的自媒体拥有可匹敌媒体和企业的传播力量，企业面对用户的沟通策略，也应该从"管理"和"把控"中跳出来，先学会"倾听"，才知道如何对用户"说"，才知道对用户"说什么"，才能实现企业和用户的沟通。

(二) 基于关系的链式传播

"关系"是一个宽泛的概念，亲人是一种关系，朋友、同学、同事也是一种关系，而相互追随，关注一个话题，甚至是出现在一个地点，买一种东西，这些在理论上都是不同的"关系层"。之所以现在社会化网络大规模兴起，其核心的推动力就是互联网上的各种社会化网络和应用让更多现实社会中难以形成的"关系层"通过互联网产生关系。

基于关系的传播是人类社会的基本特征，而基于网状结构关系的传播有链式反应的新特点。以微信为例，其成功的真正原因在于不是如微博那样"把关系做大"，而恰恰是"把关系做小"，让每个人与不同的圈子和个体更紧密的链接，把微博的"弱联系"转变成"强联系"，然后通过无数个高黏性、高活跃的"小网络"变成一个基于"紧密关系"的"大网络"。在微信平台上如何释放"小关系"的价值，不仅仅是基于关系的传播所带来的信息链式反应，而且还能在信息流动中注入信任和精准等助推力。

社交关系链，其实也是传播链，更是生意链，其速度之快，效果之好，令人咂舌。因此，借助社会化媒体基于关系的链式传播，其对商业领域的深刻影响正在发生，这其中蕴含的创新和机遇值得更深入地挖掘。

(三) 基于信任的口碑营销

口碑宣传威力巨大的原因是信任，在大众媒体出现之前，朋友、家人等熟人之间的交流曾是主要的信息传播途径。熟人之间的传播口碑也是商家获得新客源的重要途径，口碑营销在企业的宣传推广中起到不可替代的作用。

随着大众媒体的兴起，报纸、杂志、广播电视等媒体成了有效和主流的信息传播渠道，企业依靠在媒体上发布广告接触大众。如今，随着互联网的发展，尤其是社交网络的发展，人与人之间通过网络联系得越来越紧密，信息通过社交网络在朋友等熟人之间的传播效率也越来越高。很多用户不再相信广告，而对有相同经历的陌生人更加信任，并且从自己信任的圈子和社群中获取品牌和产品信息，并做出购物决策。

通过社交网络上的接力转发，信息几乎可以到达全国甚至全世界任何一个人。既有关系链的信任，又有比传统媒体更高的传播效率，口碑营销乘着社会化网络时代的东风，迎来了一个绝佳的复兴时机。

企业要善于利用社交平台的力量，在社会化媒体上营造好的口碑，带来更多的顾客，提高销售量并培养忠实的消费群体。在社会化媒体环境下，口碑营销成为企业营销的最有效方式。

(四) 基于社区的品牌共建

社会化电商一定会成为未来主流的电商形态，社会化电商的核心竞争力不是资源占有，而是人的聚合。所以，未来的商业布局，一定要基于目标客户群落(即社区)展开。

1. 线上社区

当用户以网的形式存在时，越来越多的品牌开始为其顾客建立线上社区，帮助顾客彼此之间建立联系，成为社群，围绕特定的主题分享、交流信息，如化妆品品牌可以为顾客建立分享美容、化妆知识的社区。从用户角度来看，他们想从品牌社区中获得什么，愿意与品牌建立什么样的关系，这些都将成为品牌社区建立的意义与规划的依据。

事实上，品牌社区是连接品牌和用户需求之间的一道桥梁，而这道桥梁能帮助企业解决四个方面的基本难题：认知、兴趣、反馈和购买。在为顾客提供平台的同时，品牌也可以积累用户对品牌和产品的各种意见和看法，从而优化自己的产品和服务。例如，耐克早在2006年推出的Nike+跑步者社区，现在已经成为世界上最大的，拥有300多万来自世界各地的跑步爱好者的在线平台。品牌社区是"企业搭台，用户唱戏"。企业表现出乐于并易于沟通的形象，利用更适合自己"听众"的内容策划来建立品牌社区，然后通过社区管理来发现并鼓励品牌支持者成为自己品牌的传播者。

2. 线下社区

除了线上社区，线下社区也一样。品牌社区是精准而高效的沟通渠道，增强用户与企业之间的关联度、提升品牌忠诚度。除此之外，品牌社区能够为企业和用户带来的利益很多。一方面，双方都能够发现各自需要的价值，并找到连接点；另一方面，品牌连接了企业和用户，两者的关系发生了根本性的改变。

社会化媒体和网络带来的变革，不仅能够给沟通模式带来新突破，而且会进一步改变企业生产、研发、客服等各个环节，以致重塑企业的组织管理和整个商业运作形态。

本章小结

本章首先介绍了社会化媒体的相关内容，并对其发展趋势进行了展望；然后对互联网社会化思维的定义、内涵和营销策略进行阐述；最后对社会化思维与社会化媒体在商业中的应用进行了阐述，包括社会化思维下的用户形式，以及在社会化思维下，如何重塑企业和用户的沟通关系等。

思考与练习

实践训练 ▶▶

登录维基百科论坛，参加并体验维基的词条编辑。

简答题 ▶▶

1. 如何利用社会化思维进行网络营销？
2. 思考社会化思维在互联网创业中的作用和意义。

案例分析题 ▶▶

维基百科

维基百科，是一个基于维基技术的多语言百科全书协作计划，用多种语言编写的网络百科全书。维基百科一词取自于该网站的核心技术Wiki，以及具有百科全书之意的encyclopedia共同创造出来的新混成词Wikipedia。维基百科的目标及宗旨是为全人类提供自由的百科全书——用他们所选择的语言书写而成的，是一个动态的、可自由访问和编辑的全球知识体。

由于用户的广泛参与和共建、共享，维基百科在许多国家相当普及。维基百科也被称为创新2.0时代的百科全书、人民的百科全书。这本全球各国人民参与编写，自由、开放的在线百科全书也是知识社会条件下用户参与、大众创新、开放创新、协同创新的生动诠释。

截至2017年，英语维基百科的条目数已超过550万条，语言种类超过280种，2018年12月，维基百科入围2018世界品牌500强，位列第90位。

讨论：

通过维基百科的案例，谈谈社会化媒体的作用。

第六章
互联网大数据思维与创业

开篇案例

　　某时装零售商，通过当地的百货商店、网络及其邮购目录业务为客户提供服务。公司希望向客户提供差异化服务，在差异化服务定位研究过程中，公司通过从Twitter和Facebook上收集社交信息，更深入地理解化妆品的营销模式，随后他们认识到必须保留两类有价值的客户：高消费者和高影响者。

　　经过讨论，公司提出了几种个性化服务方案：通过免费化妆服务，让用户进行口碑宣传，使交易数据与交互数据完美结合；设置投诉渠道，为业务挑战提供了解决方案。通过数据收集的技术软件，这家零售商用社交平台上的数据充实了客户主数据，使自己的业务服务更具有目标性。

　　许多零售企业会监控客户的店内走动情况及与商品的互动。它们将这些数据与交易记录相结合来展开分析，从而在销售哪些商品、如何摆放货品及何时调整售价上给出意见，此类方法可以帮助零售企业减少存货，同时在保持市场份额的前提下，增加高利润率品牌商品的比例。

学习目标

- 能够陈述大数据思维的内涵及重要性。
- 能够陈述大数据思维的商业创新模式。
- 能够找出利用大数据思维成功创业的案例。

第一节　大数据的内涵

大数据(big data)是这个高科技时代的产物，它带来的信息风暴正在变革我们的生活、工作和思维，大数据开启了一次重大的时代转型。

一、大数据概述

(一) 大数据的定义

由于对大数据分析技术和大数据活动的界定范围不同，各类组织对大数据的理解和表达也有所不同。所以，目前还没有一个较为全面、具有权威性的、能够被大多数人所接受的大数据的定义。

大数据之父维克托·迈尔·舍恩伯格认为：大数据的核心就是预测，大数据将为人类的生活创造前所未有的可量化的维度。

研究机构Gartner对于大数据给出了这样的定义："大数据"是需要新处理模式才能具有更强的决策力、洞察发现力和流程优化能力，来适应海量、高增长率和多样化的信息资产。从数据的类别上看，"大数据"指的是无法使用传统流程或工具处理或分析的信息，它定义了那些超出正常处理范围和大小、迫使用户采用非传统处理方法的数据集。

麦肯锡全球研究所给出的大数据定义是：一种规模大到在获取、存储、管理、分析方面大大超出了传统数据库软件工具能力范围的数据集合，具有海量的数据规模、快速的数据流转、多样的数据类型和价值密度低四大特征。

本书认为："大数据"是一个体量超大，数据类别特别多的数据集，并且这样的数据集无法用传统数据库工具对其内容进行抓取、管理和处理。

(二) 大数据的特点

要理解大数据这一概念，首先要从"大"入手，"大"是指数据规模，大数据一般指在10TB(1TB=1024GB)规模以上的数据量。大数据同过去的海量数据有所区别，其基本特征可以用4个V来总结，即体量大(volume)、多样性(variety)、数据处理速度快(velocity)、数据真实性高(veracity)。

1. 体量大

数据体量大，指代大型数据集，一般在10TB规模左右，但在实际应用中，很多企业用户把多个数据集放在一起，已经形成了PB级的数据量。

2. 多样性

多样性是指数据类型繁多，数据来自多种数据源，数据种类和格式日渐丰富，已冲破了以前所限定的结构化数据范畴，囊括了半结构化和非结构化数据，如网络日志、视频、图片、地理位置信息等。

3. 数据处理速度快

数据处理速度快，是指在数据量非常庞大的情况下，能够做到数据的实时处理。

4. 数据真实性高

随着社交数据、企业内容、交易与应用数据等新数据源的兴起，传统数据源的局限被打破，企业愈发需要有效的信息，真实性及安全性是大数据的重要特点。

二、大数据应用

大数据技术从各种各样类型的巨量数据中，快速获得有价值的信息。目前所说的"大数据"不仅指数据本身的规模，也包括采集数据的工具、平台和数据分析系统。大数据研发的目的是发展大数据技术并将其应用到相关领域，通过解决巨量数据处理问题促进其突破性发展。因此，大数据时代带来的挑战不仅体现在如何处理巨量数据并从中获取有价值的信息，也体现在如何加强大数据技术研发，抢占时代发展的前沿。

(一) 大数据的分析

大数据分析要包含五个基本方面：可视化分析、数据挖掘算法、预测性分析能力、语义引擎，以及数据质量和数据管理。

1. 可视化分析

大数据分析的使用者有大数据分析专家，同时还有普通用户，但是他们二者对于大数据分析最基本的要求就是可视化分析，因为可视化分析能够直观地呈现大数据的特点，同时能够非常容易被读者接受，就如同看图说话一样简单明了。

2. 数据挖掘算法

大数据分析的理论核心就是数据挖掘算法，各种数据挖掘的算法基于不同的数据类型和格式才能更加科学地呈现出数据本身具备的特点。另外，这些数据挖掘算法能更快速地处理大数据。

3. 预测性分析能力

大数据分析的重要应用领域之一就是预测性分析，从大数据中挖掘出特点，通过科学地建立模型，之后便可以通过模型带入新的数据，从而预测未来的数据。

4. 语义引擎

数据分析广泛应用于网络数据挖掘，可从用户的搜索关键词、标签关键词，或其他输入语义分析、判断用户需求，从而实现更好的用户体验和广告匹配。

5. 数据质量和数据管理

大数据分析离不开数据质量和数据管理，高质量的数据和有效的数据管理，无论是在学术研究还是在商业应用领域，都能够保证分析结果的真实和有价值。

(二) 大数据处理

大数据处理的方法很多，总结普遍适用的大数据处理流程，可以概括为四步，分别是采集、导入和预处理、统计和分析，以及数据挖掘。

1. 采集

大数据的采集是指利用多个数据库来接收发自客户端(Web、App或者传感器形式等)的数据，并且用户可以通过这些数据库来进行简单的查询和处理工作。

2. 导入和预处理

采集端本身会有很多数据库，但是如果要对这些海量数据进行有效的分析，还是应该将这些来自前端的数据导入到一个集中的大型分布式数据库，或者分布式存储集群，并且可以在导入基础上做一些简单的清洗和预处理工作，来满足部分业务的实时计算需求。

3. 统计和分析

统计与分析主要利用分布式数据库，或者分布式计算集群来对存储于其内的海量数据进行普通的分析和分类汇总等，以满足大多数常见的分析需求。

4. 数据挖掘

与前面统计和分析过程不同的是，数据挖掘一般没有什么预先设定好的主题，主要是在现有数据上面进行基于各种算法的计算，从而起到预测的效果，满足一些高级别数据分析的需求。

整个大数据处理的过程至少应该满足以上这四个方面，才能算得上是一个比较完整的大数据处理流程。

第二节　大数据思维

迎接大数据时代，需要形成"大数据思维"。大数据不仅是一种应用性很强的实用工具，而且是一种重要的思维方法。

一、大数据思维概述

(一) 大数据思维的含义

大数据思维有三个维度，即定量思维、相关思维、实验思维。定量思维，即提供更多描述性的信息，其原理是一切皆可测，不仅销售数据、价格这些客观标准可以形成大数据，甚至连顾客情绪(对色彩、空间的感知等)都可以测得，大数据包含了与消费行为有关的方方面面。相关思维认为一切皆可连，即不同的消费者行为数据都有内在联系，这可以用来预测消费者的行为偏好。实验思维的内涵为一切皆可试，即大数据所提供的信息可以帮助组织制定营销策略。

(二) 大数据思维的类型

近年来，大数据技术的快速发展深刻改变了我们的生活、工作和思维方式。大数据思维最关键的转变在于从自然思维转向智能思维，使得大数据像具有生命力一样，获得类似于"人脑"的智能，甚至是智慧。

1. 总体思维

在大数据时代，人们可以获取与分析更多的数据，甚至是与之相关的所有数据，而不再依赖于采样，从而可以带来更全面的认识，可以更清楚地发现样本无法揭示的细节信息。也就是说，在大数据时代，随着数据收集、存储、分析技术的突破性发展，人们可以更加方便、快捷、动态地获得与研究对象有关的所有数据，而不再因诸多限制不得不采用样本研究方法。相应地，思维方式也应该从样本思维转向总体思维，从而能够更加全面、立体、系统地认识总体状况。

2. 容错思维

在大数据时代，得益于大数据技术的突破，大量的非结构化、异构化的数据能够得到储存和分析，这一方面提升了我们从数据中获取知识和洞见的能力，另一方面也对传统的精确思维造成了挑战。也就是说，在大数据时代，思维方式要从精确思维转向容错思维，当拥有海量即时数据时，绝对的精准不再是主要的追求目标，适当忽略微观层面上的精确度，容许一定程度的错误与混杂，反而可以在宏观层面拥有更多的知识和更精准的洞察力。

3. 相关思维

在大数据时代，人们可以通过大数据技术挖掘出事物之间隐蔽的相关关系，获得更多的认知与洞见，运用这些认知与洞见就可以帮助人们把握现在和预测未来，而建立在相关关系分析基础上的预测正是大数据的核心议题。通过关注线性的相关关系，以及复杂的非线性相关关系，可以帮助人们看到很多以前不曾注意的联系，还可以掌握以前无法理解的复杂技术和社会动态。相关关系甚至可以超越因果关系，成为我们了解这个世界的更好视角，也就是说，在大数据时代，思维方式要从因果思维转向相关思维，努力颠覆千百年来人类形成的传统思维模式和固有偏见，才能更好地分享大数据带来的深刻洞见。

4. 智能思维

大数据时代的到来，可以为提升机器智能带来契机，因为大数据将有效推进机器思维方式由自然思维转向智能思维，这才是大数据思维转变的核心内容及关键所在。随着物联网、云计算、社会计算、可视技术等的突破发展，大数据系统能够自动地搜索所有相关的数据信息，进而类似"人脑"一样主动、立体、逻辑地分析数据、做出判断、提供意见，具有了类似人类的智慧思维能力和预测未来的能力。"智能、智慧"是大数据时代的显著特征，大数据时代的思维方式也要求从自然思维转向智能思维，不断提升机器或系统的计算能力和智能化水平。

二、大数据思维的意义

信息越丰富，就会导致注意力越分散。如今，我们的工作与生活中充斥着各种信息，而我们处理信息的能力却是有限的。美国经济学家、认知科学家赫伯特·西蒙(Herbert A.Simon)指出，人类的理性是有限的，因此所有的决策都是基于有限理性的结果。他继而提出，如果能利用存储在计算机里的信息，即数据来辅助决策，人类理性的范围将会扩大，决策的质量就能提高。

(一) 大量数据创造了更好的结果

对于少量数据而言，最基本、最重要的要求就是减少错误，保证质量。因为收集的信息量比较少，所以必须确保记下来的数据更精确。无论是确定天体的位置还是观测显微镜下物体的大小，为了使结果更加准确，很多科学家都致力于优化测量的工具。在采样时对精确度的要求就更苛刻了，因为收集信息的有限性意味着细微的错误会被放大，甚至有可能影响整个结果的准确性。

随着时代的发展，原本少量的数据已无法满足现在组织的需要，在不断涌现的新情况里，允许海量数据中存在不精确性已经成为一个新的特点。因为放松了容错的标准，人们掌握的数据也多了起来，这些数据可以帮助组织做更多的决策，开展更多的业务，这是大数据创造的更好的结果。以谷歌翻译为例，谷歌的翻译更好并不是因为它拥有完美的算法机制，而是因为谷歌翻译增加了各种各样的数据。谷歌发布的上万亿的语料库来自于互联网的一些废弃内容，谷歌将其作为"训练集"，可以正确地推算出英语词汇搭配在一起的可能性，这个庞大的语料数据库使得谷歌在自然语言处理这一方向取得了飞跃式的发展。

(二) 大数据使人不再执着精确性

大数据无法实现精确性，反而能更好地帮助我们进行预测，也能更好地理解这个世界。相比依赖于小数据和精确性的时代，大数据因为更强调数据的完整性和混杂性，从而使我们进一步接近事实的真相。"部分"和"确切"的吸引力是可以理解的，但当我们的视野局限在可以分析和能够确定的数据上时，对世界的整体理解就可能产生错误和偏差，不仅失去了尽力收集一切数据的动力，也失去了从不同角度观察事物的权利，错过事物的全貌。这是大数据时代思维方式的一个改变，使人们不再不执着于对精确性的追求。

(三) 重视相关关系，淡化因果关系

大数据时代，另外一个思维方式的转变是更加重视相关关系，而不偏执于基于假设基础上对因果关系的追寻。

相关关系的核心是量化两个数据值之间的数理关系。相关关系强是指一个数据增加时，另一个数据值很有可能也会随之增加。例如，谷歌的流感趋势分析，在一个特定的地理位置，越多的人通过谷歌搜索特定的词条，该地区就有更多的人患了流感。相反，相关关系弱就意味着当一个数据值增加，另一个数据值几乎不会发生变化。例如，我们

可以寻找关于个人的鞋码和幸福的相关关系，但会发现它们几乎没有任何关系。如果相关关系强，一个相关链接成功的概率是很高的。

通过大数据分析，人们理解世界不再需要建立在假设的基础上，普通人不需要了解哪些词条可以表示流感在何时何地传播，也不需要了解航空公司怎样给机票定价。取而代之的是，人们可以对大数据进行相关关系分析，从而知道哪些检索词条是最能显示流感的传播的，飞机票的价格是否会飞涨。

在小数据时代，我们会假想世界是怎么运作的，然后通过收集和分析数据来验证这种假想。在不久的将来，我们会在大数据的指导下探索世界，而不再受限于各种假想。

第三节 大数据领域创业的机会与方向

在大数据领域的创业思考方面，大数据只有和生活、学习、工作，以及商业等场景结合才能产生价值。推动技术发展的从来都不是技术本身，而是消费者(用户)的需求。本节将从"外部大环境""行业内部环境""创业风险"和"大数据创业机会和方向"四个方面来阐述大数据行业的创业机会及未来的方向。

一、大数据市场的外部环境

(一) 大数据市场规模巨大

中国大数据市场的环比增长率较大。根据中商产业研究院发布的《2019年中国大数据产业市场前景研究报告》显示，随着移动互联网、物联网、云计算产业的深入发展，大数据国家战略的加速落地，2019年大数据体量呈现爆发式增长态势。未来，数据挖掘、机器学习、产业转型、数据资产管理、信息安全等大数据技术及应用领域都将面临新的发展突破，成为推动经济高质量发展的新动力。

大数据本身就是一种无形资产，无论是从国内还是全球的市场规模和增长率来看，我们都可以得出这样一个结论：无论是什么样的公司，未来创业的方向如何，大数据都是兵家必争之地。

(二) 政策好、政府支持力度大

2015年9月5日，国务院公开发布《国务院关于印发促进大数据发展行动纲要的通知》，纲要里明确说明，中国在2018年建成政府的大数据平台。为贯彻落实习近平总书记关于网络强国的重要论述和国家大数据战略部署，推进交通运输治理体系和治理能力现代化，提升综合交通运输服务水平，加快建设交通强国，2019年12月12日，交通运输部印发《推进综合交通运输大数据发展行动纲要(2020—2025年)》。

据观察，大数据领域的创业环境会越来越好。目前，很多一线城市乃至二三线城市的科技园区，都出台了相关的扶持大数据产业的政策，扶持力度相当大，可见政府部门对大数据的重视。

(三) 资本关注热

2010年以来，大数据领域成功融资的企业数量逐年增加，2014年进入爆发期，环比上升193.55%，2015年以来持续稳步增长，2016年获得融资的企业数量达到400多家。根据中国大数据产业生态联盟发布的《2019中国大数据产业发展白皮书》显示，2018年中国大数据产业规模达4384.5亿元，同比增长23.5%，预计2021年产业规模将超过8000亿元。这些数据都使得近年来大数据的资本关注度一直居高不下。

二、大数据行业的内部环境

(一) 市场尚未饱和，竞争并不激烈

前面我们分析了大数据整个大环境的状况，知道大数据行业市场潜力巨大，未来的增长率将达37%左右。但是在中国，目前尚未出现一家垄断性质的大数据企业，新创的大数据企业中，也没有一家在美股、港股和深交所上市。

这样的状况给创业者留出了一个机会，现在无论做电子商务、做游戏，或者其他信息行业，都要与巨头公司争抢市场份额。但大数据行业不一样，大数据行业没有那么大的竞争压力，而且真正的竞争尚未开始。

目前大数据对生活、商业的渗透性较弱，也没有直接的变现模式，需要和实际业务

场景结合起来才能产生价值。有人曾经把大数据比作石油，需要开发才能发挥应有的作用。目前的情况看来，大数据行业还需要像发动机一样可以将数据转化成动力的载体。

(二) 大数据行业人才紧缺

根据中国商业联合会数据分析专业委员会统计，未来中国基础性数据分析人才缺口将达到1400万。2015—2016年是大数据人才最为匮乏的两年，因为已开设大数据专业的高等院校，第一批大数据人才还未毕业；已有的人才里，复合型人才较少。纵观整个行业，大数据人才的需求量在不断扩大，人才供给量却严重不足。大数据创业，人才就是核心，所有的公司都在抢大数据人才，创业公司想要招到相应的大数据人才非常困难。

随着现代经济技术的发展，中国大数据行业已经步入一个高速发展的时代。几乎所有人的工作和生活都离不开大数据，大数据已经广泛地深入到人们日常生活的方方面面。为了培养大数据人才，截至2020年3月，教育部公布了2019年度普通高等学校本科专业备案和审批结果的通知，全国已有610余所高校获批"数据科学与大数据技术"专业。但是毕业生与社会需求的融合度如何，还有待时间的检验。

(三) 数据量增长超快

据伙伴产业研究院(PAISI)研究统计，2017年全球全年数据总量超过15.2ZB，同比增长35.7%。2020年末，全球的数据总量达到30ZB，未来几年全球数据的增长速度在每年25%以上。以此推算，2021年末的数据总量将接近50ZB。

三、大数据行业创业风险

(一) 大数据的创业门槛较高

(1) 人才成本较高。在我国，大数据人才一将难求，创业公司招聘大数据技术人才不易，且支出也较高。

(2) 存储硬件成本高。考虑到数据归属和安全性，大数据公司一般要自建机房，还要进行后期的维护，这需要投入很多人力、物力、使企业成本增加。

(3) 项目启动资金高。比起移动互联网App创业项目，大数据在项目启动初期的软硬件准备工作要投入大量的资金，对启动资金的要求较高。

(4) 用户少、获取成本高。

(二) 数据安全问题

《2019年数据泄露调查报告》显示，来自全球66个组织机构的41 686个安全事件中，2013起是经证实的数据泄露。让我们来回顾一下近年来的数据泄漏事件：2014年5月，800万小米用户数据或被泄露；2014年12月，12306大量用户信息遭泄露；2015年4月，超30省市曝管理漏洞，数千万社保用户信息或泄露；2015年5月，携程网全面瘫痪，疑似数据库物理删除……

对于大数据创新企业来说，数据的安全性就是"命"。大数据的安全性，是部署大数据架构和大数据创业最大的挑战之一！

(三) 大数据隐私

关于大数据隐私，在美国有隐私法案，而且美国与欧盟之间还签署了安全港、隐私声明等。而在中国，目前的立法比较模糊，手机号码被恶意第三方收集了，然后给用户发送很多垃圾短信；用户的姓名、电话、邮箱信息被泄漏，被无数广告骚扰，目前这些在法律上还没有明确的责任划分。

大数据隐私目前存在的不确定因素，也是创业存在的风险之一。

四、大数据行业创业机会

(一) 资本层面关注点

对于大数据项目，投资人最关注的包含商业模式、项目、团队及变现能力等。如图6-1所示为大数据项目投资的关注点。

1. 团队

对于一个大数据项目，投资人最看重的是团队，一般从团队技术能力、背景、过往项目经验和创始人四个方面进行评测。大数据对技术的要求非常高，投资人看项目的时候，首先看的就是创始人的技术能力。一般情况下，投资者会更加青睐拥有技术背景的创始人和他的项目。

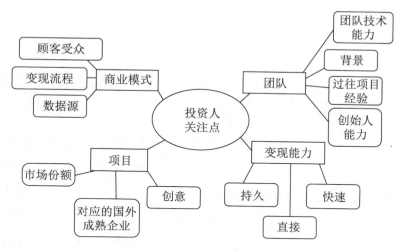

图6-1 大数据项目投资的关注点

2. 项目

在项目方面，投资人会去看项目对应的国外成熟企业，或者说项目对应的竞争者是谁。由竞争者经营的情况来预估项目在大数据领域的市场份额和变现能力。

3. 商业模式

在商业模式方面，投资者会关注企业的客户(用户)体量和数据源。例如，客户群体有多大，企业有哪些具体业务上的数据及这些数据如何产生价值，数据如何应用到客户身上。企业明确解决好上述这三个问题，会更容易获得投资人的青睐。

4. 变现能力

在大数据项目变现方向，投资人关注的是项目是否能够快速直接地产生价值，而且有持续的创收能力。

(二) 大数据行业的创业建议

(1) 想清楚谁为你买单(找用户)。

(2) 痛点是什么(找需求)。

(3) 稳定/独特的数据源(找数据)。

(4) 靠谱的人做靠谱的事(找人才)。

(5) 考虑2C的产品方向(服务大众)。

(6) 忘记科技行业过往经验。

(7) 将大数据产品化 (小而美)。

(8) 深耕一个领域,不断地试错和迭代。

(三) 大数据行业现有的商业模式

现有的商业模式用一句话来说就是:收集用户的数据,分析出报告,然后给到对应的企业,对应的企业根据数据反馈,从而开发或制造出更好的产品,让用户享受更智能的生活。这整个过程中,大数据是贯穿始终的。

那么,现有的大数据公司,都是如何赚钱的呢?

(1) 广告、营销。这一类主要集中在第三方大数据营销公司里。主要业务就是帮助大数据分析能力较弱的公司来做大数据分析,优化广告和营销的路径,使市场投入产生更大的价值。

(2) 直接销售数据的公司。

(3) 做工具或者服务。销售移动统计工具,或者为其他企业提供大数据服务的一类公司。

(4) 销售大数据报告或解决方案。

(5) 跨界和融合。这是大数据思维里最重要的一环。

(四) 大数据行业的创业方向

1. 2B方向

2B是目前大数据行业主要的商业模式,它将大数据变为一种服务,服务的对象是企业或机构。大数据创业的2B方向,更多的是做工具和服务,如数据可视化、商务智能、CRM等。比如现有的大数据企业里,星图数据、Hortonworks、Cloudera、TalkingData等都是2B的商业模式。从它们的运营状况不难看出,2B的商业模式,要么是做解决方案(类似外包),要么就是做工具。

现有的大数据工具有着技术门槛高、上手成本高、与实际业务结合较差及部署成本高等特点。新创大数据企业可以根据大数据产品的特点,来做更适合市场和客户的大数据分析工具和服务。另外,将大数据工具完整化和产品化也是一个方向。

2. 2C方向

大数据在2C方面的使用，更多的是倾向于应用软件产品。现有的2C产品非常少，百度指数勉强算是2C的大数据产品。

大数据一个很大的作用就是为决策做依据，在生活中，需要做决策的情况很多，这就非常需要大数据来辅助决策。个人理财(我的钱花哪去了，哪些可以省下来)、家庭决策(孩子报考哪所大学)、职业发展/自我量化(该不该跳槽，现在薪水合不合适)，以及个人健康都可以用到大数据。因此，大数据创业公司可以考虑开发此类应用。

大数据时代的到来，给我们带来了思维的改变。大数据不仅改变了每个人的日常生活和工作方式，也改变了商业组织和社会组织的运行方式。只有我们的思维升级了，我们才可能在这个时代透过数据看世界，比别人看得更加清晰，从而在大数据时代有所成就。

本章小结

本章首先介绍了大数据的内涵，包括定义、特点、分析、技术和处理；然后详细阐述了大数据思维的相关内容，大数据思维的四种类型，并对大数据思维的意义进行了讨论；最后介绍了大数据领域创业的机会与方向。

思考与练习

实践训练 ▶▶

用不同的账号登录京东、抖音平台，体验新、旧账号的精准营销，并分析其与大数据的关系。

简答题 ▶▶

1. 你认为大数据的本质是什么？

2. 初创的小企业是否也要有大数据？

案例分析题 ▶▶

案例一：大数据杀熟

所谓大数据杀熟，是指电子商务经营者利用大数据，判断消费者是否具有议价和比价能力，从而进行价格歧视。例如，同一家电商，同一款商品，会员的价格比新用户的价格还要贵。针对这一问题，消费者购买前可以对商家进行市场口碑调查，多关注公开价格信息，警惕非公开价格的商品，还可以通过不同手机端，或者分别以新、老客户状态登录网址进行比价，从而判断是否被"大数据杀熟"。另外，订房、打车等互联网平台也有利用收集的用户数据信息，对个别用户进行歧视性提价从中获利的情况，这些都属于违法行为。

案例二："千人千面"的个性化搜索

为了获得更多的流量，为了与时俱进，如今的很多平台，如抖音、今日头条、京东、淘宝等，都开始了"千人千面"的个性化搜索。

京东是施行千人千面的典型代表，京东依靠庞大的数据库构建出买家的兴趣模型，并从细分类目中抓取哪些与买家兴趣点相匹配的商品，定向展现在用户浏览的网页上，从而实现用户的个性化推荐及精准营销。这个数据库包含用户的搜索记录、浏览记录、点击记录、加购记录，关注(商品&店铺)、收藏等；还包括用户画像，如性别、年龄、地域、平均购买客单、购买偏好等。因此，京东平台庞大的商家数量、海量的商品及其属性、标签，以及庞大的用户数据，构成了其实现千人千面的基础。

京东的千人千面从2012年开始酝酿，一共经历了四个阶段，每个阶段都会产生一些具有代表的业务或频道：2012—2013年的萌芽期，代表业务如看了还看、买了还买、看相似、找搭配等；2014—2015年的起步期，代表业务如秒杀接入个性化；2014—2015年的发展期，代表业务如东家小院频道等；2018—2019年的全面渗透期，实现首页100%的用户行为识别。

千人千面大大改变了流量分配的形势，在未实现前，商家流量分布大致是头部占95%，腰部占4%，尾部占1%。在实现后，流量分层大致是头部占60%，腰部占30%，尾部占10%。也就是说，实施千人千面后京东的流量分配更为合理，对中小卖家、新商家更为公平，机会也更多，并且中小卖家在搜索上的流量更具有优势。

讨论：

1. 案例一中商家是如何利用大数据欺骗消费者的？

2. 案例二中商家是如何利用大数据为顾客服务的？

第七章
互联网平台思维与创业

开篇
案例

好大夫在线

2004年，王航的妻子怀孕了，在一系列产检、孩子出生和孩子各种小病不断的去医院经历中，他萌生了将互联网平台和医疗两大行业结合的想法。2006年，王航与胡少宇、罗丹创立了"好大夫在线"网站，旨在提供医疗关键信息，帮助患者解决一些就医方面的问题，同时让更多医学专家参与进来。随着几轮的融资、互联网技术和医疗网络化的发展，好大夫在线获得了长足的发展。

在该平台的1.0时代，其本质上还是互联网平台上的基本应用，还没有进入核心的医疗业务。其主要业务为轻问诊、院后管理系统、信息系统、预约系统，还没有实现商业化和规模化。在该平台的2.0时代，互联网平台上的主要业务增加很多，包括在线诊疗、线上诊断、线上处方，以及线上长期的、深入的甚至诊疗级的管理等，利用互联网+医疗实现了分级诊疗和医生品牌，实现了电话咨询、术后随诊、海外就诊和住院直通车等商务模式，建立了患者与医生的线上长期稳定关系。

目前，好大夫在线在积极进入平台的3.0时代，即基于互联网的疾病管理平台。建立患者随访平台，用于管理病人的院外康复过程，旨在提升治疗效果、控制风险、减少复发，改善患者长期生活质量；并开发数据管理系统和手机应用平台，协助医生汇总、整理患者长期随访数据，积累科研数据。此外，好大夫在线拥有全国数量最多、质量最优的医生群体。截至2018年12月，好大夫在线收录了全国9379家正规医院的58万名医生信息。其中，20万名医生在平台上实名注册、亲自使用，直接向患者提供医疗咨询、预约就诊、疾病管理、科普知识等服务。在这些医生中，三甲医院的医生比例占到78%，能够给予患者足够权威的治疗建议和合法的线上诊疗服务。

通过该案例可以看出，互联网平台思维模式下，掌握基于互联网平台思维的创业法则、正确选择互联网创业平台都是非常重要的。

学习目标

- 掌握互联网平台思维的概念及重要性。
- 掌握基于互联网平台思维的创业法则。
- 能够正确选择互联网创业平台。

第一节　互联网平台思维概述

一、互联网平台思维的含义

传统企业的驱动力是规模经济和范围经济，就是做大、做广；但是，互联网时代的驱动力却不是如此，它的驱动力就是平台。"平台"是指在平等的基础上，由多主体共建的、资源共享、能够实现共赢的、开放的一种商业生态系统。

互联网的平台思维就是开放、共享、共赢的思维。就商业模式而言，互联网平台思维正在深入人心，淘宝、百度、苹果、京东和携程等众多企业都在实行，全球500强企业里的前100强企业中，有60%都是平台型企业。

二、互联网平台思维的特点

互联网平台思维的特点包括五个：共建、共享、共赢、开放和平等。

1. 共建

所谓共建主要强调如下三个关键点。

(1) 多主体。平台必须是多主体参与的组织或系统，单一的主体不能构建起平台；每一个主体是一股能量，将这些能量组织起来形成一个新的系统，主体越多能量越大。这种能量的聚集能力，就是平台的竞争力所在。

(2) 自组织。平台应是一个开放的集体建设的自组织生态系统；平台型组织的参与者有时候不一定是有意识的参与，而是无意识的，是为自己的利益在做事情。这种无意识的、自利的行为形成一种天然的自组织。例如，用一次百度搜索，就参与了百度的大数据搜集，因为每次点击就是一个数据来源。

(3) 共建机制。共建机制中，最重要的是开放的共建平台。回顾手机的发展史，诺基亚之所以衰败，核心原因与其说是平台的失利，不如说是因为平台的开放和共建机制的失利。

2. 共享

共享就是对于生产资料、资产及资本的共同开发和使用。平台思维的共享有两个特点：

(1) 互动性。无论是从互联网还是从大数据的角度，共享一定是双向的，互动才能创造价值。Facebook、微信这样的产品，它们最大的特点是多向互动，任何人跟任何群体之间都可以在瞬间发生多维的互动。共享强调的重点就是双向互动的正循环，双方都给对方贡献了数据价值。

(2) 共用性。在互联网中经常出现一个词汇，即开放源代码，开放源代码就是一种共享机制，是一条能够通过相互协作孕育重大创新的途径。另外一个是共用平台，即云技术服务，如云存储、云计算等，这种平台未来会像电网和通信一样成为社会的基础设施。

3. 共赢

平台模式的特点在于其商业模式千变万化，赢利方式也逐步走向多元化，但无论如何变化，生态型平台企业赢利趋向于共赢模式。详细来说，就是平台型企业若要赢利，平台生态圈就必须达到一定规模，而要达到一定规模就必须吸引主体参与者，那么共赢就必须成为一个前提。因此，平台的交易结构设计必须基于多方共赢的考虑。

4. 开放

平台不一定依托互联网，但互联网是最佳的开放平台，它有着数据库和信息化管理方面的优势，与互联网结合可以最大化地扩大参与主体。互联网平台提供了更多的与其他企业连接的机会，连接越广、越厚，信息含量就会越多，获取的价值就会越大。

5. 平等

开放平台必须是一个平等的平台。对于传统商业模式来说，渠道管控是一贯的思维；但是，互联网思维是一个网状结构，是没有中心节点的，它不是一个层级结构，虽然不同的点有不同的权重，但没有一个点是绝对权威的。所以，互联网的技术结构决定了它内在的精神，是去中心化、是分布式、是平等互动，平等是互联网非常重要的基本原则。

平等合作的本质，是平台商与平台合作者之间彼此都要遵循契约精神，在产品的开发、市场的推广、客户的服务中，双方需平等协商，沟通解决，而非一方对一方的支配。

第二节　基于互联网平台思维的创业法则

一、构建多方共赢的平台生态圈

价值网络的最高形态是商业生态系统，未来商业竞争不再只是企业与企业之间的肉搏，而是平台与平台的竞争，甚至是生态圈与生态圈之间的竞争，单一的平台是不具备系统性竞争力的。

平台模式的精髓，在于打造一个多主体共赢互利的生态圈。"平台生态圈"不单是构建起一个平台，而是以某个平台为基础，营造出"为支撑平台活动而提供众多服务"的大系统。可见，构建平台生态圈是更大的战略布局，从构建平台到成就一个平台生态圈，需要一个循序渐进的动态过程。

在互联网平台思维模式下，企业在创业过程中构建自己的平台生态圈一般需要遵循如下四个步骤。

1. 找到价值点，实现立足

把握诸多价值链中的共性环节，做到相对高效，为一个或多个价值链提供更多价值，然后以此为基础，建立一个平台。

2. 建立核心优势，扩展平台

在平台的基础上，建立起如技术、品牌、管理系统、数据、用户习惯等自己容易复制别人很难超越、边际成本极低或几乎为零的无形资产优势，才能增加平台的可拓展性。在网络效应的推动之下，将平台迅速做大，以实现更大的平台价值。

3. 衍生更多服务，构建生态圈

在建立起来的平台上，为价值链上的更多环节构建更多高效的辅助功能，能够增强平台的黏性和竞争壁垒，最终形成平台生态圈。

4. 平台战略升级，巩固生态圈

平台生态系统的价值随着产业的发展而变化，将平台生态系统的功能向未来更有价值的价值链进行战略性转移和倾斜。这是保持平台生态系统基业长青的关键。

二、善用现有平台

对于创业者来说，与其要做一个平台，不如首先做一个平台之上的内容提供商，一家个性化的公司。创业者运用互联网平台思维创业的具体注意事项包含如下几点。

(一) 从点开始

所有的平台企业一开始都是从满足一个点的需求出发的，创业者一开始不要想着做一个什么样的平台，而是先满足一部分用户的需求，使自己成为这个领域的专家、权威或热点，成为这个领域最好的公司。

(二) 满足用户需求

企业在创业和发展过程中，用户的需求量和需求种类会越来越大，越来越多的用户会使用企业的产品。此时，企业要善于发掘用户需求，使企业的产品和服务能解决用户的实际问题，达到用户满意，实现用户体验的极致享受，从而培养用户忠诚。只有这样，企业才能开拓创业之路，才有可能成为真正的平台型企业。

(三) 依托现有平台，顺势而为

在移动互联网大潮中，许多创业者首先想到建立一个大型企业网站或者开发企业 App，却没有考虑网站或App中的内容。在大型网站或精美App建设完成后，后期遇到了许多问题：知名度如何打开、流量从哪里来、用户黏性怎样提高、活跃度怎样上升、用户体验价值如何提升、后期如何维护、大量投入资金后的回报如何得到，诸如此类的问题有很多。可见，创业者在初期创业过程中，不要轻易尝试做平台，应依托现有平台，集中自身优势和力量进行创业。

对于多数创业者来说，如果想利用互联网实现发展，首先要做的是研究怎样用好聚合大量用户的现有平台。尤其是当创业者的品牌优势并不是很明显时，不如思考一下如何用好当前诸如天猫、京东等各类电商平台。这样，企业在不用承担太高的建设成本的情况下，也能拥有很好的经营和宣传效果。

总之，创业者在实力不足时，不适宜建设大型平台，而是要首先研究现有各个平台、研究用户需求，从点开始，在现有平台上个性化地去满足用户的需求，在不断优化服务并赢得用户的过程中获得充裕的现金流，培养和磨炼团队，更加深入地认识用户需求，再探索向平台演进的发展之路。

三、把企业打造成员工的平台

(一) 互联网时代的生态化组织形式

互联网带来的变革，不仅仅是营销渠道和品牌建设方式，互联网已经开始对人与人之间的分工和协作方式进行重构。也就是说，互联网时代的创业者，必须注意完成组织升级和再造。

互联网创业企业的组织结构，需要从一个非常确定的形式，逐步演变为一个网状的、不确定的形式，打破传统企业自上而下的管理形式，不再通过控制、命令，以及做计划和预算等管理工具维持组织运行。今后，企业需要逐步演变为靠激发、鼓励、自下而上的形式，从所谓的整合资源变为资源聚合。需要新进人才时，不再做管理层统一调配，不需要行政命令，而是依靠市场力量，主动吸纳人才，聚合更多资源，形成生态化的组织形式。

(二) 互联网时代的扁平化组织形式

在传统企业的组织架构中，分层式管理模式最常被采纳。在此基础上，职能式组织结构、事业部式组织结构及矩阵式组织结构都是沿用至今的经典组织结构。然而，这些组织结构在互联网时代遭遇了挑战。由于企业面对的外界环境发展太快，现场管理和临机决断的事宜越来越多，这导致原本的组织形式拖累了企业的发展，所以创业企业必须缩短决策半径，实施扁平化管理。目前，淘宝很多卖家在组织架构方面都采用了超级扁平化的结构，如某淘宝知名品牌卖家拥有近四百名员工，但组织架构却只有两层，自CEO为首的核心管理团队以下分为三十多个学院，但每个学院不是一个部门组织而是一个基础的作战单元，类似于一个特种部队，平时独立作战，有重大任务时，根据需要集合几个学院组成一个全新的大部门，任务结束后再解散回归原编制。

创业企业的组织和文化都是由生存环境来决定的，如果生存环境发生变化，而组织不做出调整，那么企业是很难生存下来的。在原有的体系内，用原来的人、原来的组织形式做一件不同的事，成功的概率是很低的，绝大多数创业企业，基本都是靠组织创新。互联网消除信息不对称的特性，在组织层面的表现，就是消除中层，使组织变得更为扁平化，部门的概念越来越弱化。同时，组织框架超级节点化，以发起流程的"节点"来驱动业务的进程，即"人人都是核心，人人都不是核心"，完全根据企业的需要，随环境变化而变化。

互联网企业的组织架构应当灵活，不能多层级化和固化，要以产品为中心，以项目开发组的形式整合，利用企业各项资源快速推进产品创新，以市场为导向，聚焦客户需求和使用体验，及时改进和完善产品和服务。互联网平台思维强调开放、协作、分享，组织内部也同样如此。所以，以互联网平台思维指导的企业，其组织形态一定是扁平化的。

(三) 互联网时代的创新管理方式

在互联网时代，"要想火车跑得快，全靠车头带"的火车理论已经让位于动车理论，动车的每一节车厢都有发动机，这样整个列车的速度才会提升。对于组织来讲，不能只有企业领导者做发动机，而是每一级组织，甚至每个人都要成为发动机。

内部平台化，对组织的要求就是要变成自组织而不是他组织。他组织永远听命于别人，自组织是自己来创新。

互联网时代，用户主导了企业，也导致创新管理模式的产生。在传统经济时代，信息主动权在企业手里，哪个企业宣传多就可以得到更多的用户，谁的广告厉害，谁就可以得到更多的用户。但是互联网时代是不同的，用户可以通过网络知道所有企业的信息，而企业很难知道所有用户的信息。从外部来看，互联网时代面对市场形式的瞬息万变，一个金字塔形的组织结构是很难实现快速反应的，这就要求企业的组织形式必须创新，以达到更加敏捷的状态。从内部来看，互联网时代的员工更加注重自我，寻求参与感和存在感，所以，必须要给足其相应的舞台，才能最大地发挥人力资本的价值。所以，内外部的合力要求互联网时代企业的管理方式必须要发生变革。

(四) 互联网时代的一线化决策体系

在互联网时代，用户已经从产品价值链的终点变为价值链的起点，成为企业生产、设计、研发的源头，这就要求创业型企业变得更为开放、更加灵活、与消费者贴得更近。也只有这样，才能迅速地响应市场，强有力地应对突然出现的挑战者，做出及时的战略调整与价值链转型。

随着创业型企业组织重心的下沉，后端大平台、前端小团队的网络状组织结构开始出现。在这样的组织结构中，由面向市场的一线部门或人员组成若干个灵活、敏锐、创新的小团队，它们互相协同，作为一个个节点再黏合成网状，后面有企业的大资源平台做后盾。整个组织运作以市场需求为牵引力，形成市场呼唤一线、一线呼唤后方的联动效应。针对互联网时代的决策体系，未来的组织形态将是小前端、大平台、富生态。

1. 小前端

让听得见市场一线反应的人来做决策。前端业务直接面对消费者和市场，会越来越多、越来越灵活。每个前端将不再需要抢夺什么资源，因为市场和消费者会表达喜好，自然会辨别和筛选出对于前端的评价。

市场的一线员工和团队，开始拥有了组织资源调度的权力与能力，他们通过自己对顾客需求的感知，探测到市场机会，跟着调动总部和职能部门等后方资源来满足前线需求。

2. 大平台

前端强大，特别需要功能越来越强大的后台支撑，才不会导致资源重复和浪费，并且获取资源的成本最低。大平台可以起到以下作用：给前端提供源源不断的资源，让前端可以全力以赴面对竞争、进行创新和变革。大平台也会起到信息共享、协调资源整合、推动项目合作等作用。大平台还会不断通过对小前端的人才盘点、绩效评估等，进而了解全公司的人才布局和结构，与小前端一起帮助员工学习成长。在必要的时刻，可以为小前端提供各种支援。

3. 富生态

当大小平台稳定发展以后，还需要各种生态角色来支撑，如第三方开发者、跨团队组织、专家学者等。他们起到的主体作用，也许是帮助"大平台"更好地服务"小前端"，再通过"小前端"更好地服务市场和消费者。

"富生态"意味着创业型企业需要开放企业边界，真正将外部利益相关者纳入企业生态的中心，从而形成更强大的生态竞争优势。

(五) 互联网时代突出人的价值的利益机制

传统企业更多的是用"产值"来评估价值，而互联网企业多是用"估值"来评估价值。这两点有什么区别呢？在产值时代，企业管理者更注重短期利益，往往是利润导向，企业很多的经营思路都是围绕着如何提高利润进行。而在估值时代，企业管理者不得不去考虑长期利益，长期利益要求企业的各项经营决策必须围绕如何能给用户创造更好的价值展开。如果不能给用户创造价值，企业是不可能长远发展的。所以说，在估值时代，企业经营必然要从"以利润为中心"转移到"以用户为中心"，商业价值一定要建立在用户价值之上。同时，对于企业的管理人员来讲，在估值时代更愿意为企业的长远利益负责和贡献，也需要给予更高的回报和更好的利益机制。

此外，对于创业者来说，企业员工就是其最大的用户，怎么让这类"用户"有参与感，这值得每一位创业者思考。

(六) 互联网时代多元化的考核机制

在如今这样一个消费者的基本需求大部分都已经被满足的大环境下，根本就没有所谓的"刚性"需求可以让创业者用步步为营、条分缕析的关键绩效指标(key performance indicator，KPI)方式去满足。既然组织形式和管理方式都发生了变化，那么相应的考核方式也要随之改变。所以考核方式也将由原来冷冰冰的KPI表格变为多元化的方式，最终达到让员工的工作像享受娱乐一样愉快。小米公司在这一点上就有很大的创新，小米公司实行全员6×12小时工作，坚持了将近三年，从来没有实行过打卡制度，也没有实行公司范围内的KPI考核制度，而是采取多元化的考核机制。

(七) 互联网时代以人为本的企业文化

互联网时代的组织渐渐拓宽了控制跨度，使组织结构趋于扁平。员工间的非正式组织日趋活跃，员工与组织外的交往日趋频繁，这些都要求一种强文化提供共同的价值观体系，从而保证组织中的每个人都朝同一个方向努力。因此，对于企业来说，培养合理的、有活力的创新文化，对形成内部的创新合力及外部的创新吸引力至关重要。例如，京东商城通过每隔一段时间各条产品线的创新大赛，来鼓励员工自主创新。只要是京东员工，不分部门、不分职位，谁都可以到台上去讲，去展示自己的创新项目。如果有好的项目，公司还提供孵化基金和资源支持，把创意变成可执行的项目。这大大调动了员工的创新积极性，有很多优质的项目都是这样孵化出来的。

所有以创造性地服务客户为溢价来源的创业者，对企业员工，老板不应该是一个单纯的管理者，而是通过一系列的途径，将公司的目标和员工个人的成就、价值、目标、认同、满足、快乐联系起来，将员工的主观意愿和创造力发掘到极致。

作为一个创造性公司的管理者，更多的不是管理，而是真正地能够放下老板的架子，放下管理者和家长的姿态，努力去尊重员工、理解员工、认同员工、帮助员工实现自己的价值和梦想，这样员工才有意愿把自己最大的努力和创造力贡献给企业。

随着信息技术和经济的快速发展，互联网应用已经深入千家万户，也使得企业的驱动力发生了很大的变化。传统企业的驱动力是规模经济和范围经济，即做大、做广；但互联网时代的驱动力却是平台，即在平等的基础上，由多主体共建的、资源共享、能够实现共赢的、开放的一种商业生态系统。

本章小结

本章首先介绍了互联网平台思维的概念、特点及重要性；然后详细阐述了基于互联网平台思维的创业法则，包括构建多方共赢的平台生态圈、善用现有平台、把企业打造成员工的平台。

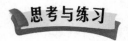

思考与练习

实践训练 ▶▶

基于互联网平台思维的创业实训

一、实训背景

某创业型企业是一个销售各种品牌自行车及其零部件的国内大型连锁公司，随着网络全面地渗透到企业运营和个人生活当中，为了更好地吸引众多的网络客户、开拓网上销售渠道、提高公司管理各类客户的能力、提高公司的综合竞争力等，该公司决定利用互联网平台来提高企业的竞争力。

二、实训内容

对企业情况进行分析，确定该企业的互联网平台思维下的创业模式。实训基本思路和步骤如下。

1. 选定该创业型企业为分析对象。

2. 根据企业的需要和发展规划，确定企业的主要目标顾客。

3. 分析主要目标顾客的需求，确定适合企业发展的互联网平台，善用互联网现有平台。

4. 根据企业现状、互联网平台现状和发展趋势，确定适合企业发展的互联网平台生态圈。

5. 根据企业业务发展和需求，打造适合互联网时代的企业组织平台。

三、实训方法

1. 分组，2～3人一组。

2. 对上述指定企业进行分析，确定该企业的互联网平台创业模式。

四、实训要求

1. 按要求进行企业互联网平台创业模式确定的练习，记录分析过程，根据各自的练习情况，以"互联网平台思维下的创业模式练习"为题目，撰写实训报告一份，注意记录分析过程。

2. 实训报告内容要求：

(1) 由小组共同完成报告，字数在2000字以上。

(2) 对相关信息进行收集和整理，并编写配有图表的数据分析报告和结论。

(3) 报告应做到主题突出，收集的信息及数据表达清晰，分析和结论合理，文字叙述流畅、无错别字。

(4) 列出所查询的网站网址、参考文献的标题和作者。

简 答 题 ▶▶

1. 什么是互联网平台？

2. 什么是互联网平台思维？

3. 互联网平台思维的特点是什么？

4. 基于互联网平台思维的创业法则是什么？

5. 如何选择互联网创业平台？

案 例 分 析 题 ▶▶

懒人听书：有声阅读行业的佼佼者

随着人们对知识版权的尊重程度和对知识付费的接受度不断提升，人们利用碎片化时间通过阅读、聆听的方式获得知识、娱乐放松，变得越来越普遍，在上下班路上释放双眼、用耳朵阅读的模式逐渐被更多人接受。

懒人听书成立于2012年，经过多年运营，已发展成为集听书服务、主播培养、商业服务、社区互动于一身的综合性有声阅读交流平台，平台内容囊括了传统出版物、原创文学、儿童读物、电台等多种类型。内容的生产方式是PGC(官方提供书籍)+UGC(主播产生有声节目)结合的模式。与喜马拉雅FM、蜻蜓FM相比，懒人听书在听书领域上更垂直。

1. 用户黏性高

懒人听书平台月活跃数近3000万，激活用户规模超过3亿。据易观相关报告显示，懒人听书在每月人均使用时长与每月人均使用次数两方面都为行业第一，分别达到3.7小时与38.4次，远远高于排在第二位的喜马拉雅FM2.8小时与32.4次。这跟懒人听书的图书著作版权较为丰富不无关联。懒人听书作为阅文集团的子公司，在版权丰富程度上相对而言更具有优势，拥有85%网络文学的有声改编权。易观发布的《2018中国有声阅读行业发展趋势分析》报告明确指出懒人听书的版权资源是它制胜的法宝。

2. 用户扩展成挑战

懒人听书的盈利模式包含广告、付费收听和会员购买三种，但主要收入来源于广告。这意味着平台会为了获得广告收入而牺牲掉一部分用户体验。这也是懒人听书用户增长停滞不前的原因之一。如何在保持原有的竞争优势的基础上吸引更多新用户将成为懒人听书未来的挑战之一。另外，懒人听书的内容风格比较单一化，根据艾媒咨询数据显示，懒人听书平台用户群体中男性占据66.97%，这说明内容或运营风格偏向男性化。因此，平衡用户性别比将成为懒人听书的发展难题之一。

据易观千帆2019年1月的数据，有声阅读行业中月活跃用户过千万的仅有喜马拉雅FM、懒人听书与蜻蜓FM三家。总体来看，有声阅读市场仍有发展空间，基本竞争格局已经形成。

讨论：

1. "懒人听书"是如何应用互联网平台的？
2. "懒人听书"应如何利用互联网平台进行用户扩展？

第八章
"互联网+"思维与创业

互联网+保险

2013年11月6日，国内首家互联网+保险公司——众安在线财产保险股份有限公司(以下简称"众安保险")正式开业。

这家公司从筹备之初就备受关注，不仅因为它是国内首家互联网保险公司，更因为其背后的股东光环：蚂蚁小微金融服务集团、腾讯、中国平安参股为前三大股东。业务范围包括：与互联网交易直接相关的企业/家庭财产保险、货运保险、责任保险、信用保证保险；机动车保险；国家法律、法规允许的保险资金运用业务；保险信息服务业务；经中国保监会批准的其他业务。

众安保险基于保障和促进整个"互联网+"生态发展的初衷发起设立，更深层次的原因在于资源互补。对于"互联网+"时代来说，如果没有线下资源配合，不可能顺利拿到互联网保险牌照并开展业务；对于中国平安而言，利用互联网手段则可以更好、更快地获取用户。

众安保险的产品包括：

1. 众乐宝

众乐宝是众安保险联合淘宝网推出的国内首款网络保证金保险，旨在为加入淘宝消保协议的卖家履约能力提供保险，帮卖家减负，确保给予买家良好的购物保障。

2. 参聚险

参聚险是众安保险联合"聚划算"专为聚划算卖家量身打造、用于替代保证金缴纳而推出的一款保险服务产品。卖家选择保险产品后，无须再按以往方式冻结大额聚划算保证金，只需缴纳相对较低的保费，即获得对消费者和聚划算平台的保障服务资格，并可以享受由众安保险公司提供的先行垫付赔款的服务。

3. 百付安

百付安是众安保险联合百度手机卫士推出的，专为下载并使用百度手机卫士的用户提供的一款保险服务产品。用户在百度手机卫士安全支付功能模块中申请开启支付保赔业务后，如果遭遇了手机病毒恶意扣费、账户密码被窃并造成经济损失的，可以申请保赔。该产品将使超过2亿的百度手机卫士用户受益。

4. 轮胎意外保

轮胎意外保是众安保险于2015年5月20日，联合途虎养车网、新焦点汽车维修服务有限公司推出的国内首款轮胎意外保障服务。这款轮胎意外保服务是一种全新模式——保险流程完全嵌入平台现有场景，由众安保险负责保障支持并提供相关承保、理赔、客服等关键环节的服务。双方通过业务数据在线实时交互，实现承保、理赔、服务环节的无缝对接，最大限度发挥互联网企业优势，提供优质的用户保障体验。据了解，此举打破了目前国内轮胎单独破损无险可保的状况。

5. 尊享e生

2016年9月，众安保险推出了保险产品"尊享e生"，作为一款国民医疗保险，"尊享e生"的主要特点是保额高、投保年龄范围广泛。2019年7月，首款甲状腺术后可投的百万医疗险——众安保险"尊享e生"优甲版正式上线。

6. 保骉车险

保骉车险是由众安保险、平安保险联合推出的国内首个互联网车险品牌。这是国内首个以O2O合作共保模式推出的互联网车险，也是国内车险费改后首个"互联网+"样本。保骉车险率先在首批商车费率改革的6个地区中开展推广工作，目前覆盖到18个地区，并随着费改节奏推广到全国。

7. 好医保

好医保是支付宝与众安保险合作定制的中端医疗险产品，于2017年上线。2019年10月，"好医保"升级"好医保2020版"。

8. 安链云

安链云是一款由众安信息技术服务有限公司于2017年5月5日发布的基于区块链和人工智能等技术的云服务。安链云在普惠金融和健康生态领域针对性地推出了T系列的区块链产品、X系列的数据智能产品、S系列的保险行业应用产品。

9. 步步保

步步保是与可穿戴设备及运动大数据结合的健康管理计划，合作方包括小米运动和乐动力App。该产品不仅以用户的真实运动量作为定价依据，用户的运动步数还可以抵扣保费。

目前，众安保险业务流程全程在线，全国均不设任何分支机构，完全通过互联网进行承保和理赔服务，充分体现了"互联网+"的特点。2019年，艾媒金榜发布的《2019中国保险行业上市公司网络口碑榜》榜单中，众安保险位列第一位。

通过上述案例可以看出，在"互联网+"思维模式下，创业者对企业的合理定位和开拓适合自己的互联网业务都是非常重要的。

学习目标

● 掌握"互联网+"思维的概念及重要性。

● 掌握"互联网+"思维创业的基本模式。

● 掌握基于"互联网+"思维的创业法则。

第一节 "互联网+"与"互联网+"思维

一、"互联网+"概述

(一)"互联网+"的含义

"互联网+"是创新2.0下的互联网发展新业态,是知识社会创新2.0推动下的互联网形态演进及其催生的经济社会发展新形态。"互联网+"是互联网思维的进一步实践成果,推动经济形态不断地发生演变,从而带动社会经济实体的生命力,为改革、创新、发展提供广阔的网络平台。

"互联网+"代表一种新的社会形态,即充分发挥互联网在社会资源配置中的优化和集成作用,将互联网的创新成果深度融合于经济、社会各领域之中,提升全社会的创新力和生产力,形成更广泛的以互联网为基础设施和实现工具的经济发展新形态。

(二)"互联网+"概念的提出与发展

国内"互联网+"理念的提出,最早可以追溯到2012年11月易观国际董事长兼首席执行官于扬在易观第五届移动互联网博览会上的发言。他首次提出"互联网+"理念,认为在未来,"互联网+"公式能应用于所有行业的产品和服务。

2014年11月,李克强出席首届世界互联网大会时指出,互联网是大众创业、万众创新的新工具。其中"大众创业、万众创新"正是此次政府工作报告中的重要主题,被称作中国经济提质增效升级的"新引擎",可见其重要作用。

2015年3月,全国两会上,全国人大代表马化腾提交了《关于以"互联网+"为驱动，推进我国经济社会创新发展的建议》的议案，表达了对经济社会创新的建议和看法。他呼吁，持续以"互联网+"为驱动，鼓励产业创新、促进跨界融合、惠及社会民生，推动我国经济和社会的创新发展。马化腾表示："互联网+"是指利用互联网的平台、信息通信技术把互联网和包括传统行业在内的各行各业结合起来，从而在新领域创造一种新生态。

2015年3月5日，第十二届全国人民代表大会第三次会议上，李克强总理在政府工作报告中首次提出"互联网+"行动计划。李克强在政府工作报告中提出：制定"互联网+"行动计划，推动移动互联网、云计算、大数据、物联网等与现代制造业结合，促进电子商务、工业互联网和互联网金融健康发展，引导互联网企业拓展国际市场。

2015年7月4日，经李克强总理签批，印发《国务院关于积极推进"互联网+"行动的指导意见》(以下简称《指导意见》)，这是推动互联网由消费领域向生产领域拓展，加速提升产业发展水平，增强各行业创新能力，构筑经济社会发展新优势和新动能的重要举措。

2015年12月16日，第二届世界互联网大会在浙江乌镇开幕。在举办的"互联网+"论坛上，中国互联网发展基金会联合百度、阿里巴巴、腾讯共同发起倡议，成立"中国互联网+联盟"。

2016年5月31日，教育部、国家语委在京发布《中国语言生活状况报告(2016)》。"互联网+"入选十大新词和十个流行语。

(三)"互联网+"的内涵

"互联网+"是两化融合的升级版，将互联网作为当前信息化发展的核心特征提取出来，并与工业、商业、金融业等服务业全面融合。这其中的关键就是创新，只有创新才能让这个"+"真正有价值、有意义。正因如此，"互联网+"被认为是创新2.0下的互联网发展新形态、新业态，是知识社会创新2.0推动下的经济社会发展新形态的演进。

通俗来说，"互联网+"就是互联网+各个传统行业，但这并不是简单的两者相加，而是利用信息通信技术及互联网平台，让互联网与传统行业进行深度融合，创造新的发展生态。

(四)"互联网+"发展现状

从现状来看,"互联网+"尚处于初级阶段,各领域对"互联网+"还在做论证与探索,特别是那些非常传统的行业,他们正努力借助互联网平台增加自身利益。例如,传统行业开始尝试营销的互联网化,借助B2B、B2C等电子商务平台来实现网络营销渠道的扩建,增强线上推广与宣传力度,逐步尝试网络营销带来的便利。

与传统企业相反的是,在"全民创业"的常态下,企业与互联网相结合的项目越来越多,诞生之初便具有"互联网+"的形态,因此它们不需要再像传统企业一样转型与升级。"互联网+"正是要促进更多互联网创业项目的诞生,从而无须再耗费人力、物力及财力去研究与实施行业转型。可以说,每一个社会及商业阶段都有一个常态和发展趋势,"互联网+"的发展趋势则是大量"互联网+"模式的爆发及传统企业的"破与立"。

目前,我国"互联网+"的发展状态可包含如下几个特点。

1. 全民总动员

"互联网+"引起国家领导人的高度重视,具有国家层面的战略高度,在实施的过程中,政府扮演了引领者与推动者的角色,挖掘有潜力、未来能发展为"互联网+"型的企业,为其他企业发展树立标杆,同时建立"互联网+"产业园及孵化器,融合当地资源打造一批具备互联网思维的企业。另外,企业是"互联网+"热潮的追随者,应该积极引进"互联网+"技术,定期邀请相关专家为本企业人员培训互联网常识,对专职员工进行定期再培训,增强对"互联网+"的理解与应用能力。此外,企业可以与各大互联网企业建立长期的资讯、帮扶、人才交流等关系,让互联网企业与传统企业相互交流,加快推动"互联网+"的发展。

2. "互联网+"服务商崛起

"互联网+"的兴起会衍生一大批在政府与企业之间的第三方服务企业,即"互联网+"服务商。他们本身不会从事互联网+传统企业的生产、制造及运营工作,但是会帮助线上及线下双方的协作,从事的是做双方的对接工作,盈利方式则是双方对接成功后的服务费用及各种增值服务费用。

这些增值服务包罗万象,包括培训、招聘、资源寻找、方案设计、设备引进、车间改造等。初期的"互联网+"服务商是单体经营,后期则会发展成为复合体,不排除后期会发展成为纯互联网模式的平台型企业。第三方服务涉及的领域有大数据、云系统、电商平台、O2O服务商、CRM等软件服务商、智能设备商、机器人、3D打印等。

3. "互联网+" 职业培训兴起

随着"互联网+"的兴起，政府和企业都需要更多"互联网+"人才，因此这会带来关于"互联网+"培训及特训的线上线下职业教育的爆发。在线教育领域，职业教育一直是颇受追捧的教育类型，同时占据较大市场份额。

"互联网+"职业教育的培训内容丰富多样，可以是具体细分的每个岗位的工作。其实这些在线培训岗本质上还是互联网企业的职位，传统企业想改变企业架构，需要配备更多的专业技能职工。"互联网+"职业培训主要面向两个群体：一是对传统企业在职员工的培训；二是对想从事该行业的人员的培训。

4. 产业升级

"互联网+"不仅正在全面应用于第三产业，形成了诸如互联网金融、互联网交通、互联网医疗、互联网教育等新业态，而且正在向第一和第二产业渗透。

"互联网+"行动计划将促进产业升级。首先，"互联网+"行动计划能够直接创造出新兴产业，促进实体经济持续发展。"互联网+"行业能催生出无数的新兴行业，如互联网+金融激活并提升了传统金融，创造出包括移动支付、第三方支付、众筹、P2P等模式的互联网金融，使用户可以在足不出户的情况下满足金融需求。其次，"互联网+"行动计划可以促进传统产业变革。"互联网+"令现代制造业管理更加柔性化，更加精益制造，更能满足市场需求。最后，"互联网+"行动计划将帮助传统产业提升。互联网+商务=电商，互联网与商务相结合，利用互联网平台的长尾效应，在满足个性化需求的同时创造出规模经济效益。

"互联网+"行动计划将重点促进以云计算、物联网、大数据为代表的新一代信息技术与现代制造业、生产性服务业等的融合创新，发展壮大新兴业态，打造新的产业增长点，为大众创业、万众创新提供环境，为产业智能化提供支撑，增强新的经济发展动力，促进国民经济提质增效升级。

5. 数据中心节能政策落地

近年来，数据中心能源效率指标值已经成为国家及数据中心行业越来越重视的性能指标。2013年3月，工业和信息化部、国家机关事务管理局、国家能源局联合印发《国家绿色数据中心试点工作方案》，提出围绕重点领域创建百个绿色数据中心试点，试点数据中心能效平均提高8%以上。

可以看出，政策导向和方案将推动中国数据中心产业的健康发展并引导数据中心建设及管理走向低碳绿色发展；同时数据中心节能标准制定和最佳实践的推广，将促使客户在建设之初就将思考如何构建一个节能环保的数据中心，以及能效经济下的数据中心如何做到快速灵活部署，标准化、模块化，满足客户绿色节能、智能安全的诉求。

(五)"互联网+"未来发展趋势

新一代信息技术发展推动了知识社会以人为本、用户参与的下一代创新(创新2.0)演进。创新2.0以用户创新、开放创新、大众创新、协同创新为特征。随着新一代信息技术和创新2.0的交互与发展，人们的生活方式、工作方式、组织方式、社会形态正在发生深刻变革，产业、政府、社会、民主治理、城市等领域的建设应该把握这种趋势，推动企业2.0、政府2.0、社会2.0、合作民主、智慧城市等新形态的演进和发展。"互联网+"是创新2.0下的互联网与传统行业融合发展的新形态、新业态，是知识社会创新2.0推动下的互联网形态演进及其催生的经济社会发展新常态。它代表一种新的经济增长形态，即充分发挥互联网在生产要素配置中的优化和集成作用，将互联网的创新成果深度融合于经济社会各领域之中，提升实体经济的创新力和生产力，形成更广泛的以互联网为基础设施和实现工具的经济发展模式。

无所不在的网络会同无所不在的计算、数据和知识，一起推进了无所不在的创新，以及数字向智能并进一步向智慧的演进，并推动了"互联网+"的演进与发展。人工智能技术的发展，包括深度学习神经网络，以及无人机、无人车、智能穿戴设备及人工智能群体系统集群和延伸终端，将进一步推动人们现有的生活方式、社会经济、产业模式、合作形态的颠覆性发展。

二、"互联网+"思维概述

(一)"互联网+"思维含义

"互联网+"思维是一种新的思维方式，主要包括以下含义：

"互联网+"思维，呼唤思维走出局限、实现突破。通过对互联网信息技术的应用，各类主体若能够在思维上实现突破，就可以在活动领域及层面都得到有效拓展。在实施"互联网+"行动计划时，应做到思维先行，不断突破"互联网+"实践活动的空间局限性，拓展"互联网+"实践方式的广度与深度。

"互联网+"思维，需要思维摒弃封闭、迎接开放。故步自封，永远难有新的发展。互联网是开放的，"互联网+"思维更是如此。以顾客需求为圆心，以优质服务为半径，企业若能树立开放性思维，通过"互联网+"主动对接客户、对接市场，不断探索跨界行业合作，将会获得更多的优质资源，获得更广阔的发展空间。

"互联网+"思维，要求思维破除守旧、拥抱创新。墨守成规，终究会被时代抛弃。创新可以说是"互联网+"的天性，在"大众创业、万众创新"的潮流下，更应该以创新思维要求、创新思维方式去拓展和创新社会实践空间，在创新中不断赢得新发展。

"互联网+"思维，"+"字见功力，思维是关键。在经济发展步入新常态之际，实施"互联网+"行动计划，要求我们必须以"四个全面"(即全面建成小康社会、全面深化改革、全面依法治国、全面从严治党)为根本遵循，打破各种陈腐思想，善用各种社会资源，善行各种创新实践，激发全社会创新创造活力，形成全面深化改革的强大动力。

(二)"互联网+"思维的特征

1. 跨界融合

在"互联网+"中，"+"的意义就是跨界、变革、开放，就是重塑融合。敢于跨界，创新的基础就更坚实；融合协同了，群体智能才会实现，从研发到产业化的路径才会更垂直。融合本身也指代身份的融合，客户消费转化为投资，伙伴参与创新等，不一而足。

2. 创新驱动

中国粗放的资源驱动型增长方式必须尽早转变到创新驱动发展这条正确的道路上来。这正是互联网的特质，用所谓的互联网思维来求变、自我革命，也更能发挥创新的力量。

3. 重塑结构

信息革命、全球化、互联网业已打破了原有的社会结构、经济结构、地缘结构、文化结构。权力、议事规则、话语权不断在发生变化。此外，"互联网+"对于社会治理、虚拟社会治理会起到很好的推动作用。

4. 尊重人性

人性的光辉是推动科技进步、经济增长、社会进步、文化繁荣的最根本力量，互联网的力量之强大最根本地也来源于对人性的最大限度的尊重、对人体的敬畏、对人的创造能力的重视。

5. 开放生态

关于"互联网+"，生态是非常重要的特征，而生态的本身就是开放的。我们推进"互联网+"，其中一个重要的方向就是要把过去制约创新的环节化解掉，把孤岛式创新连接起来，由人性决定市场驱动，让创业者和努力者有机会实现价值。

6. 连接一切

连接是有层次、有差异的，连接的价值通常相差很大，而"互联网+"的意义就是打破一切的差异、层次，实现共同发展。

第二节 "互联网+"思维创业概述

一、"互联网+"思维创业的基本模式

随着互联网的快速发展，以及"互联网+"思维被普遍接受，金融、教育、医疗、旅游、家电和汽车等行业都已经加入了"互联网+"模式中。同时，随着移动互联网和物联网等新兴技术的出现，使得传统产业与信息技术的融合范围与深度进一步扩大，互联网+各个传统行业的创业融合进程已经加速推进。

(一) 互联网+金融

用技术打破信息壁垒、以数据跟踪信用记录，互联网技术的优势正在冲破金融领域

的重重信息壁垒，"互联网+"思维正在改变着金融业竞争的格局。

互联网+金融的实践，正在让越来越多的企业和百姓享受更高效的金融服务。从组织形式上看，互联网+金融这种结合至少有三种方式：第一种是互联网公司做金融；第二种是金融机构的互联网化；第三种是互联网公司和金融机构合作。

2013年6月17日，阿里巴巴旗下支付宝与天弘基金合作项目余额宝正式上线，2015年的净利润为231.31亿元。支付宝与基金公司合作，支付宝用户将钱转入余额宝，即相当于申购了天弘基金宝基金，并享受货币基金收益。用户将资金从余额宝转出或使用余额宝进行购物支付，则相当于赎回基金份额。此外，余额宝内资金还能随时用于网购消费、充话费、转账等功能。

近年来，市场上还涌现出了很多互联网金融创业公司，在网络借贷平台、第三方支付、金融电商、众筹融资、商业保险理赔等互联网金融领域中取得了不错的成绩。

(二) 互联网+电视

2013年电视盒子的出现，让曾经势不两立的互联网和电视握手言和，让大家放下笔记本电脑重新坐回电视机前。电视盒子利用宽带有线电视网，集互联网、多媒体、通信等多种技术于一体，突破互联网与电视之间的藩篱，不仅将互联网内容搬到更大的屏幕上，还可以实现互动。

最早大力挖掘电视盒子领域的是小米公司，小米推出盒子后，爱奇艺联合创维、阿里巴巴联手华数传媒也相继推出了各自的盒子产品。预计未来随着技术的突破和服务的升级，互联网电视热潮会更加火爆。

(三) 互联网+教育

一所学校、一位老师、一间教室，这是传统教育。一个教育专用网、一部移动终端，几百万学生，学校任你挑、老师由你选，这就是互联网+教育，是以网络为介质的教学方式。通过网络，学员与教师即使相隔万里也可以开展教学活动。此外，借助网络课件，学生还可以随时随地进行学习，真正打破了时间和空间的限制。对于工作繁忙、学习时间不固定的职场人而言，网络远程教育是最方便不过的学习方式。

2013年，百度和淘宝几乎同时发布了各自的在线教育产品——"百度教育"和"淘宝同学"。慧科教育推出的在线教育平台"开课吧"成为互联网教育的黑马。

所有人都离不开教育，早期教育、课外辅导、少儿英语、职业教育、出国留学、商学院、移民服务等，而在信息化爆发式发展的趋势下，在线教育越来越突显出优势——互联网+教育可以突破时间和空间的限制，提升了学习效率。互联网+教育可以跨越因地域等方面造成的教育资源不平等分配，使教育资源共享化，降低了学习的门槛。互联网+教育的结果，将会使未来的一切教与学活动都围绕互联网进行，老师在互联网上教，学生在互联网上学，信息在互联网上流动，知识在互联网上成型，线下的活动成为线上活动的补充与拓展。

(四) 互联网+医疗

互联网医疗，是互联网在医疗行业的新应用，其包括了以互联网为载体和技术手段的健康教育、医疗信息查询、电子健康档案、疾病风险评估、在线疾病咨询、电子处方、远程会诊，以及远程治疗和康复等多种形式的健康医疗服务。互联网与医疗这一常青行业展开对接，远程患者监测、视频会诊、在线咨询、个人医疗护理、无线访问电子病历和处方，使患者足不出户即可看病就医。

互联网和医疗的对接中，还给软件开发商、系统方案商、设备生产商和网络设备提供商等带来了难以估量的商业机会。腾讯以QQ和微信两大社交软件为媒介，投入巨资收购丁香园和挂号网，并在第一时间从QQ上推出"健康板块"，为微信平台打造互联网医疗服务整合入口，其互联网+医疗发展战略已经一目了然，从资本运作，到微信服务，再到智慧医疗，腾讯的用户争夺战始终是它布局互联网+医疗行业的重头戏。

互联网医疗，代表了医疗行业新的发展方向，有利于解决中国医疗资源不平衡和人们日益增加的健康医疗需求之间的矛盾，是卫生部积极引导和支持的医疗发展模式，未来肯定会有更大的发展。

(五) 互联网+通信

在通信领域，互联网+通信最著名的产物就是即时通信，几乎人人都在用即时通信App进行语音、文字甚至视频交流。然而传统运营商在面对微信这类即时通信App诞生时简直如临大敌，因为语音和短信收入大幅下滑，但随着互联网的发展，来自数据流量业务的收入已经大大超过语音收入的下滑。可以看出，互联网的出现并没有彻底颠覆通信行业，反而是促进了运营商进行相关业务的变革升级。

重庆市与中国联通公司签订深入推进"互联网+"行动战略合作框架协议。根据协议，中国联通将持续加大在重庆市的投入，重庆将投入150亿元人民币，建设重庆宽带互联网基础枢纽设施，构建"云端计划"互联网基础。中国联通公司将在重庆实施互联网+协同制造、普惠金融、现代农业、绿色生态、政务服务、益民服务、商贸流通等系列服务活动。

(六) 互联网+工业

互联网+工业，即传统制造业企业采用移动互联网、云计算、大数据、物联网等信息通信技术，改造原有产品及研发生产方式，与"工业互联网""工业4.0"的内涵一致。

移动互联网+工业借助移动互联网技术，传统制造厂商可以在汽车、家电、配饰等工业产品上增加网络软硬件模块，实现用户远程操控、数据自动采集分析等功能，极大地改善了工业产品的使用体验。

云计算+工业基于云计算技术，一些互联网企业打造了统一的智能产品软件服务平台，为不同厂商生产的智能硬件设备提供统一的软件服务和技术支持，优化用户的使用体验，并实现各产品的互联互通，产生协同价值。

物联网+工业运用物联网技术，工业企业可以将机器等生产设施接入互联网，构建网络化物理设备系统，进而使各生产设备能够自动交换信息、触发动作和实施控制。物联网技术有助于加快生产制造实时数据信息的感知、传送和分析，加快生产资源的优化配置。

网络众包+工业，即在互联网的帮助下，企业通过自建或借助现有的"众包"平台，可以发布创意需求，广泛收集客户和外部人员的想法与智慧，大大扩展了创意来源。例如，工业和信息化部信息中心搭建了"创客中国"创新创业服务平台，链接创客的创新能力与工业企业的创新需求，为企业开展网络众包提供了可靠的第三方平台。

(七) 互联网+农业

农业看起来离互联网最远，但互联网+农业的潜力却是巨大的。农业是中国最传统的基础产业，亟需用数字技术提升农业生产效率，如通过信息技术对地块的土壤、肥力、气候等进行大数据分析，然后据此提供种植、施肥相关的解决方案，可大大提升农业生产效率。此外，农业信息的互联网化将有助于需求市场的对接，互联网时代的新农民不仅可以利用互联网获取先进的技术信息，也可以通过大数据掌握最新的农产品价格走势，从而决定农业生产重点。与此同时，电商将推动农业现代化进程，通过互联网交易平台减少农产品买卖中间环节，增加农民收益。面对万亿元以上的农资市场及近七亿的农村用户人口，农业电商方面的创业，面临着巨大的市场空间。

(八) 互联网+语言

互联网正以改变一切的力量，在全球范围掀起一场影响人类所有层面的深刻变革。作为人类最重要的交际工具——语言，随着互联网技术的发展而发展变化；互联网+语言的传播模式也由此诞生，它将成为增强语言影响力的有效途径。

互联网+语言代表了一种新的文化形态，即充分发挥互联网在语言传播中的作用，增强语言影响力，提升语言软实力，形成更广泛的、以互联网为载体和技术手段的语言发展新形态。语言传播的动因是推动语言传播的力量；不同时代不同语言的传播，有着不同的动因，如文化、科技、军事、宗教和意识形态等。在信息时代，互联网成了语言传播的直接动因和有力工具，并在逐渐演变成为多语言的网络世界。因此，充分发挥互联网在语言传播中的作用，对于增强语言的影响力具有十分重要的意义。互联网+语言作为一种新的语言传播模式，如何充分利用它来增强语言影响力，无疑是一个值得我们认真思考和深入研究的问题。

人类语言作为一种社会现象，它随着人类社会的出现而出现，也随着人类社会的发展而发展。当人类社会进入信息时代，互联网就催生了网络语言，这种新的语言形式简洁而生动，从诞生起就备受人们青睐，尤其受青少年的追捧。网络语言不仅是信息时代网民交流沟通的社会用语，也是时代赋予语言研究者及其他研究者的历史使命，同时还是人类语言与时俱进的必然结果。

二、"互联网+"思维创业的法则

(一) 自我变革

一个企业的高度取决于企业家的高度，那么一个企业能否顺应潮流完成转型，自然取决于企业家的危机意识和变革意识。在"互联网+"思维下，如果企业家的思维不能完成转换，这个企业的转型基本上就很难完成。

华为这么多年来能够持续成长，根本原因在于它是一个自我批判的组织，一个自我驱动的公司。今天，所有的企业都在研究华为，全世界的商学院首选的研究案例就是华为。2000年互联网泡沫破灭之时，成立13年的华为正处于巅峰时刻(华为2000财年销售额达220亿元，利润以29亿元位居全国电子百强首位)，任正非以一封"华为的冬天"内部信，提醒华为长期进行的自我批判活动，给这个组织的每一个集体、每一个人传导和奠定一种心理基础、文化基础。任正非认为，恐惧造就伟大，任何组织，包括个人，如果没有与你成长相伴的那种不安全感，那种始终追随着你的不安的影子，你可能就变得很放松，很悠闲。但是，这种放松和悠闲可能的结果，是在一个猝不及防的打击面前，你的安逸，你对危险的麻木，会导致组织快速崩溃。我们生存于一个丛林世界，每一天、每一时、每一刻实际上都在被危险所包围着。华为要通过自我否定、使用自我批判工具，勇敢地去拥抱颠覆性创新，在充分发挥存量资产作用的基础上，也不要怕颠覆性创新砸了金饭碗，这个互联网时代前进得太快了，若我们自满自足，只要停留三个月，就注定会从历史上被抹掉。支持变革、参与变革已经成为华为的企业文化。

"互联网+"思维模式下，创业者一定要走出惯性思维，处于互联网时代，就是处于一个大变革的时代，创业者的思维就不能因循守旧，而要不断自我变革。

(二) 自我颠覆

在"互联网+"时代的组织变革中，大胆创新的一招就是内部培育颠覆性业务，"让左手砍掉右手""自己打自己"。华为、平安、腾讯、苏宁在渡过创业期后，均相继开始孵化、培育自己的"敌人"，就是那些代表新的产业趋势，有可能冲击乃至淘汰现有业务的颠覆性业务。

淘宝的无线端开发是一个典型的例子。马云说："我们告诉阿里巴巴的无线团队，你们的职责就是灭了淘宝，什么时候灭了淘宝，那么什么时候就是成功的时候。而不是说帮助淘宝更强大，在你好的时候，必须想办法打败你自己；在你不好的时候，想办法把自己做强。"淘宝无线端的营业额从2010年的18亿元到2011年的118亿元、2012年将近500亿元，2015年超过PC端，交易占比为70%，淘宝无线端营业额以超乎寻常的速度成长着。随着移动互联网的快速发展，微淘、表哥计划、生活圈、阿里旺信等一系列新产品接踵而至。而从组织架构上，淘宝已在各个事业部下增添无线业务，并与独立的无线事业部并行运转。淘宝无线未来会更个性化，更有互动性，甚至会具备社交特征。

显然，2013年是手机淘宝的"变形之年"，业务结构和产品结构都有非常大的变化。变形之后的手机淘宝，将给消费者提供千人千面的选择，并让卖家在无线平台自主经营，而不仅仅是把手机淘宝当成获取流量的工具。如今，在移动电商领域，淘宝仍然是佼佼者，市场份额力压群雄。未来阶段，淘宝有足够的勇气对自己进行革命，为自己再创巅峰。

当创业者的颠覆性业务还未浮出水面时，可多采用内部孵化的模式，在组织结构上，专门成立相应的机构，并为其建立保护机制，一般情况下，这些部门没有明确的利润考核。还有的企业在组织设计上采用竞争机制，让不同部门之间竞赛，它们会有意放松对颠覆者成长的束缚。这些颠覆者的业务往往被独立出来，而业务的负责人也会直接对企业的管理者负责。

(三) 自我创新

"互联网+"时代是一个大变革的时代，如果没有变革的基因、变革的特点、变革的追求，就会被时代淘汰掉。企业的变革没有终点，没有所谓成功的企业，只有紧跟时代步伐生存下来的企业。在"互联网+"时代瞬息万变的市场环境下，必须不断地自我变革，以适应动态发展的商业变化，如此才有可能持续成功下去。

"你要么是破坏性创新，要么你被别人破坏。"这是海尔CEO张瑞敏在2013年海尔商业模式创新全球论坛上援引"创新之父"克里斯坦森的一句话。面对汹涌而来的互联网大潮，曾自言如履薄冰的张瑞敏更是如临深渊，而年逾六十的他毅然开始了在管理和组织上的自我颠覆。张瑞敏在访谈中说："没有成功的企业，只有时代的企业。我们之前所有的，包括百年老店、基业长青，都是建立在工业时代的基础上。一百年来，从通用到福特汽车等，他们为全世界的企业管理提供了无数的案例、规则、经验。但是，这些东西，到今天这个时代，还能不能用？"

敢于自我否定、自我创新、自我颠覆、自我变革是优秀企业必备的竞争法宝。每一位卓越的创业者都需要自我创新，在这场轰轰烈烈的"互联网+"时代、互联网变革浪潮中，唯有拥抱变化，才能赢得未来。

随着互联网的深入应用，知识创新、企业创新和社会创新等新的互联网形态也不断涌现，催生了"互联网+"这种经济社会发展的新形态。可以说，"互联网+"是互联网思维的进一步实践成果，并推动着经济形态不断地发生演变，从而带动社会经济实体的生命力，为改革、创新、发展提供广阔的网络平台。

本章首先进行了"互联网+"思维概述，包括概念、基本内涵、含义及发展趋势；然后详细阐述了"互联网+"思维的创业基本模式，包括互联网+金融、互联网+电视、互联网+教育、互联网+医疗、互联网+通信、互联网+工业、互联网+农业、互联网+语言；最后分析了基于"互联网+"思维的创业法则，包括自我变革、自我颠覆、自我创新，并结合案例进行了探讨。

实践训练 ▶▶

基于"互联网+"思维的创业实训

一、实训背景

某创业型企业是一个销售各种品牌自行车及其零部件的国内大型连锁公司，随着网络全面地渗透企业运营和个人生活中，为了更好地吸引众多的网络客户、开拓网上销售渠道、提高公司管理各类客户的能力、提高公司的综合竞争力等，该公司决定开展"互联网+"业务来提高企业的竞争力。

二、实训内容

对上述企业进行分析，确定该企业的"互联网+"思维下的创业模式。实训基本思路和步骤如下。

1. 根据企业需要和发展规划，确定企业的主要目标顾客。

2. 分析主要目标顾客的需求，确定适合该企业发展的"互联网+"业务，并注意运用自我变革法则。

3. 根据企业现状、"互联网+"业务现状和发展趋势，确定适合企业发展的自我颠覆业务、产品或服务。

4. 根据企业现状、"互联网+"业务发展和需求，确定适合企业发展的自我创新业务、产品或服务。

三、实训方法

1. 分组，2～3人一组。

2. 对上述企业进行分析，确定该企业的"互联网+"创业模式。

四、实训要求

1. 按要求进行企业"互联网+"创业模式确定的练习，记录分析过程，根据各自的练习情况，以"'互联网+'思维下的创业模式练习"为题目，撰写实训报告一份，要有分析过程记录。

2. 实训报告内容要求：

(1) 由小组共同完成报告，字数在2000字以上。

(2) 对相关信息进行收集和整理，并编写配有图表的数据分析报告和结论。

(3) 报告应做到主题突出，收集的信息及数据表达清晰，分析和结论合理，文字叙述流畅、无错别字。

(4) 列出所查询的网站网址、参考文献的标题和作者。

简答题 ▶▶

1. 什么是"互联网+"？

2. "互联网+"思维的含义是什么？

3. "互联网+"思维的特点是什么？

4. 基于"互联网+"思维的创业法则是什么？

5. "互联网+"的发展趋势是什么？

案例分析题 ▶▶

携程的互联网+酒店预订模式的成长之路

在携程的创业之初，它定位于在互联网上开展酒店订房业务，遇到的竞争对手包括同样作为旅游网站的青旅在线，以及早期已开展酒店订房的艺龙、上海假期、商之行、黄金世纪、黄金假日等。其中，最被看好的是青旅在线，它集中青旅的资源和品牌优势，开展旅游产品营销与酒店分销，具有显而易见的优势，其他竞争对手也早已在订房规模上领先于携程。

但是，伴随着竞争的深入，情况越发复杂。中青旅这样的大型旅游公司业务遍布全国，业务操作上分散给各地分公司完成，如上海青旅、成都青旅等一群区域实力派。这些分公司都有各自的利益诉求，几乎无法在全国范围内按照一致的标准推行任何一项业务。同时，初期的线上业务收入肯定不够显著，却注定会对线下业务产生影响。这更使线下的各公司有理由抵触乃至排斥青旅在线的发展，网站各种发展中必需的资源投入自然无法保障。

携程的其他竞争对手，在会员卡上分别收费80~400元不等，在此基础上可以享受订房优惠。由于收费的原因，这些订房中心都具有一定规模的收益，但同时也有客源不够大的问题，但当时没有任何一家订房中心愿意舍弃既有收入，免费向客户赠送订房卡。

与竞争对手相比，携程的资源投入高度聚焦，它把全部资源和注意力都投入酒店分销及如何扩大客源方面。首先，携程先后收购了现代运输和商之行，一举成为北方市场上最大的酒店分销商。其次，携程开始免费派发携程订房卡，通过大规模免费派发，在18个月里，携程的订房量从每月几百间猛涨到每月10万间。携程的互联网+酒店预订模式取得了很大成功，目前拥有国内外六十余万家会员酒店可供预订，成为中国领先的酒店预订服务中心。

讨论：

1. 携程是如何开启互联网+酒店预订模式的？

2. 创业初期，携程的主要资源和注意力是如何分配的？

第九章
移动互联网思维与创业

开篇案例

2013年9月3日，诺基亚被微软收购，诺基亚董事会主席约玛·奥利拉在公布此消息的记者招待会上说的最后一句话是："我们并没有做错什么，但不知为什么，我们输了。"说完连同他在内的几十名高管不禁落泪。诺基亚并没有做错什么，只是世界变化太快。如果你的思维跟不上这个时代，你就会被淘汰。

2017年年末，阿里巴巴收购了大润发母公司高鑫零售，2018年年初，高鑫零售董事、大润发创始人黄明端辞职，由阿里巴巴CEO张勇接任。短短数月，大润发6名高层先后离职，高层大换血。大润发是被称为"19年不关一家店"的传奇商场，大润发战胜了对手，却输给了时代。

学习目标

- 掌握移动互联网思维的含义及存在的意义。
- 了解互联网思维的特性。
- 了解移动互联网思维的特性。
- 能够找出利用互联网思维成功创新的案例。

第一节 移动互联网时代的改变和特性

一、移动互联网时代的改变

移动互联网带给整个社会五种改变：一是改变了人们的生活方式，使得人们说走就走，想要就要；二是改变了购物方式，使得随时随地在线购物成为可能，消除了半径，可以进行移动支付；三是改变了医疗方式，实现了远程医疗，可以上门随访，可以网售处方药，第三方进行检验；四是改变了娱乐方式，可以团购美食，可以网上预定电影票、在线选座，可以购买电子门票，可进行手机游戏；五是改变了交流方式，移动互联网的存在，使得与朋友的沟通变得更加紧密。

移动互联网加剧了消费者的五个碎片化趋势：时间碎片化、地点碎片化、需求碎片化、沟通碎片化、交友碎片化。移动互联网时代不再是一个抽象的信息学或社会学概念，而是以无所不在的趋势渗透到社会各个角落，改变着我们的生活、工作、娱乐、思维和行动方式。而移动互联网与传统行业的相互碰撞与融合，进一步激发服务模式、商业模式及生产消费模式的创新发展，形成了巨大的新兴市场，催生出新的产业链和产业集群。

二、移动互联网时代的特性

移动互联网发展迅速，中国移动互联网行业中，移动购物、移动广告、移动游戏、移动增值服务占比逐年提高。

1. 线上加线下的混合营销

基于线上线下的混合营销发展迅速。线上提供分享和购物，以"网站+App+微信"组合拳的方式向客户提供品牌信息、产品信息、互动信息及购买分享。线下提供服务与体验，通过极具吸引力的活动，让同一圈层的人产生共鸣，彼此有更多交流，线上线下整合营销。

2. 传播方式更人性化

移动互联网时代的传播特性，可以概括为方便省钱、娱乐互动、跨界创新。传播的核心是人性+话题，传播方式为社交+口碑，基于人性的传播驱动使得人性的线下活动互联网化。移动互联网时代的应用，让所有场景变成价值。

第二节　移动互联网思维简介

一、移动互联网思维概述

(一) 移动互联网思维的含义

移动互联网思维是一种多维网络状的生态思维，这种生态思维，以节点彼此连接，形成大小不同的生态圈。不同生态圈之间也彼此连接形成更大的生态圈。更大生态圈再彼此连接，形成更大的生态圈或系统。以此类推，没有终极。

移动互联网思维是基于网络的精准化思维，思考的出发点是移动通信和互联网的结合，思考的目的是对传统企业价值链的重新审视，体现在战略、业务和组织三个层面，以及供研产销的各个价值链条环节中，并且将传统商业的"价值链"改造成互联网时代的"价值环"。思考的本质是碎片化和移动化。碎片化产生两大模式，一个是微模式，即一切以"微"为前提的产品和服务，如微信、微博、微公益、微视频等；另一个是圈模式，即人们之间通过关系重构形成各种各样的圈子，如朋友圈、同学圈、驴友圈等。移动也产生了两大模式，分别为移动支付和移动娱乐。

(二) 移动互联网思维的特点

1. 去中心化

去中心化，是指所有的节点在生态圈中都是平等的。没有上下、高低、左右、前后、轻重之分。当众多节点一起连接到某一个节点时，这个节点就成为节点簇，也是一个临时中心。当众多节点断开与这个节点的连接时，这个节点又成为普通节点。因此，去中心化不是不要中心，而是中心离开了节点就无法存在。去中心化不仅仅体现在节点层面，也同样体现在圈子层面。

2. 伙伴经济

伙伴经济，是指所有的节点、圈子在这个生态系统中都是伙伴，而不是敌人。是一种互亲、互爱、互惠、互利的关系，而不是竞争、斗争、战争的关系。如同自然界最稳定的森林植被群落中，各类生物之间的关系就是一种典型的伙伴经济关系。

二、移动互联网思维的要素

(一) 连接

连接包括如下两个层面。

第一层面：节点之间是彼此连接的，连接的节点形成圈子。

第二层面：圈子与圈子之间也彼此连接，形成更大的圈子或系统。

(二) 圈子

圈子本身是通过节点彼此连接形成的，圈子有大有小，无论圈子大小，都是可以内部良性循环的生态圈。移动互联网思维是一种进化思维，对我们人生的各个方面，从个人，到家庭，到企业，到国家和社会，都具有重大的指导作用。

为了便于大家真正理解移动互联网思维的要素，下面我们着重阐述移动互联网思维在商业模式设计上的指导作用。按照移动互联网思维设计的商业模式，首先它必须要让自己的终端用户(消费者)彼此之间形成连接，其目标是让连接强度更大，连接数量更多，通过这种连接使终端用户彼此之间形成一个圈子；其次是这个圈子必须与其他圈子又彼此产生连接，这种连接在符合生态规律的前提下能够进一步强化自己圈子的连接强度，增加连接数量，这种圈子的彼此连接又能形成更大的圈子；最后是更大的圈子与其他更大的圈子彼此连接，形成地区级、全国级，甚至全球级的更大圈子。这里面，圈子内的连接是良性循环的，是互利互惠的；圈子与圈子的连接也是互利互惠的，否则就无法产生连接。

第三节　移动互联网思维模式

移动互联网思维具体包括九大思维模式，分别是碎片化思维、移动化思维、个性化思维、粉丝化思维、平台化思维、极致化思维、体验化思维、开放化思维、品牌化思维。

一、碎片化思维

(一) 碎片化思维的内涵

碎片化思维就是将各种整体信息分隔成信息碎片，利用用户手机提供的丰富信息让人们利用碎片化时间阅读大量信息成为可能。利用好碎片化时间可以做成大事，"微"时间提供各种用户需要的信息，满足用户需求，甚至引导用户需求。

(二) 碎片化思维的应用

移动互联网加剧了消费者的五大碎片化趋势：时间碎片化、地点碎片化、需求碎片化、沟通碎片化、交友碎片化。碎片时间是企业赢得消费者的黄金窗口，那么企业如何建立起碎片化思维，从看似碎片化的世界中汇集商业力量？

企业要理解和运用碎片化思维，要思考以下几个问题：产品的本质是什么？如何影响用户思维？如何在碎片时间内达成交易？在移动互联网时代，由于很多沟通是在线上，无法面对面交流，不了解对方的具体情况，因此沟通一定要有技巧，要赢取用户的信任和喜爱，话不在多，只要用户听得舒心，聊得痛快即可。沟通不仅仅是言语上的交流，用户会通过你的一举一动判断你是否值得信任，是否是他正确的选择。

二、移动化思维

(一) 移动思维的内涵

随着移动互联网的兴起，移动思维这个词也越来越多被提起。移动思维的形成是由于物理设备的不同导致的使用方法和使用习惯不同。例如，以前购物时只能通过电脑或电话等固定设备，现在则可以通过手机进行购买。

如今，人们在生活中已经形成了移动思维——掏出手机，无论在哪里都能立刻完成某件事，如即时通信、发送邮件、转账支付等。这些移动应用的累积使用经历使用人们的思维方式发生转变，希望能够随时随地完成想做的事情。

(二) 移动化思维的应用

1. 移动电子商务

互联网电子商务未来要向移动电子商务演进，互联网OA系统与手机接入，增加短信功能和移动签批功能。ERP系统与移动终端整合，通过二维码可以随时查询订单情况、生产情况和营销情况。客户也可以通过扫描二维码进行防伪查证，了解产品情况。

2. 智能硬件模式

移动互联网时代的智能硬件向着轻薄、可穿戴式方向发展。智能硬件的特性就是移动性和便捷性，所以下一代设备应用由固定场景转变为移动场景。硬件只是一个载体，最后的潜力则是在软件智能这一端。

3. 移动家居

硬件是载体，智能才是价值。未来，智能空调通过定位监测到房主离家还有500米时自动打开空调；智能空气净化器根据位置定位监测当地PM2.5，智能调节净化模式，并计算过滤器清洗、更换的时间，发出报警提醒等。

4. 移动支付

在互联网不断向各行业融合渗透的大背景下，移动支付填补了传统模式在支付环节、支付服务方面的空白，尤其是智能平台上产生的大量新兴业务。同时，随时随地的支付让用户可以非常高频、快捷地进行购买和服务体验。移动支付是允许用户使用其移动终端对所消费的商品或服务进行账务支付的一种服务方式。单位或个人通过移动设备、互联网或者近距离传感直接或间接地向银行金融机构发送支付指令产生货币支付与资金转移，从而实现移动支付功能。移动支付将终端设备、互联网、应用提供商及金融机构相融合，为用户提供货币支付、缴费等金融业务。

移动支付是创新的热土，吸引着大量银行、运营商、互联网企业等争相投资，希望借此全面简化线下购物流程。在移动支付领域的新兴技术有很多，如NFC、二维码支付、声波支付等。目前，支付宝、财付通等互联网支付巨头主要采用二维码支付，而银行、电信运营商则主要采用NFC支付，即近场支付。

三、个性化思维

(一) 个性思维的内涵

个性化是时代的标签，移动互联网带来的冲击和浪潮令传统制造业反思。消费者越来越追求个性化。借助互联网、社交网络，顾客可以在前端任何渠道里，包括实体店、网店、移动商店、社交商店和私人商店完成私人定制，个性化时代正在到来。

(二) 个性思维的应用

根据消费者的参与程度，个性化消费类型主要可以分为自由混搭与私人订制两种。

1. 自由混搭

商家把自己的产品模块化，消费者可以根据自己的意愿随意组合。消费者在移动终端随意点几下或者做几项选择，这种多样化选择即可实现。这种模式不仅可以满足消费者的个性化需求，固定的模块还能够为商家节省成本，现在的商家也不断完善自身产品，生产出更多可供自由组合的产品模块，无论家电、家具、服装还是礼品，样式繁多。

实现消费者自由混搭的前提，就是商家要将底层的需求模块化、构件化、程序化，并同时支持客户进行快速搜索和快速分类。充分开放自己的产品库，实现产品与客户需求的快速匹配。

2. 私人定制

私人定制是个性化需求的高级阶段，用户成为主导者，根据自己的需求进行分类定制，并主导整个开发过程。商家为了支持客户需求，需提供相应的专业化工具。现在北京、上海、广州等城市开始出现农超对接服务，消费者可以吃到当天生产的无公害蔬菜，产品数量和产地可以随心要求。还有一些企业提供个性化私人定制家具，可以根据家庭空间大小进行上门服务。

如何提供个性化的产品将是商家面临的选择。为了有效提供个性化商品，商家需要基因再造，从传统的提供标准化产品的思路转移到以客户为中心的思路上来，以客户为中心的思路就是要仔细研究消费者行为和思想，由客户提出需求并由商家满足的过程。商家必须深层次地开放，客户了解得越多，其参与心就越强，体验感越强，效果越好。在移动互联网时代，企业要适应个性化趋势，开放自己的产品和能力，让更多的人参与其中，让客户主导成为主流。

四、粉丝化思维

(一) 粉丝化思维的内涵

粉丝是一群认同你的价值观、认同你的品牌、认同你的产品，甚至会捍卫品牌声誉和影响力的一群人。粉丝是潜在的购买者，是免费的宣传员，是最专业、最热心、最挑剔的一帮用户。品牌需要培养粉丝，因为用户远没有粉丝那么忠诚，用户也远没有粉丝能够为企业赢来那么多的美誉。

所谓粉丝，就是部分让渡思考主权给偶像的人，也就是将一些事交给值得信赖的人代为思考，得到结果就行。在现代社会里，部分让渡思考主权的事其实很常见。在移动互联网世界里，企业要试着将客户的用户思维转化为粉丝思维。用户思维和粉丝思维最大的区别是，用户是独立思考的，而粉丝思维是彻底放弃思考，自愿跟着别人走。

粉丝一旦接受品牌，就会全身心投入。粉丝对品牌、企业拥有高度的忠诚和热情，这些粉丝不仅是最优质的目标消费者，一旦注入感情因素，即使是有缺点的产品也会被他们接受。

(二) 粉丝思维的应用

粉丝是企业发展的重要保障，是企业核心竞争力的重要表现。粉丝不仅能够接受产品的价值和使用价值，更相信公司的品牌文化，愿意并希望了解一切相关信息，自觉维护公司的良好形象，甚至以传播公司、品牌理念、文化、价值观为己任。在移动互联网时代，"得粉丝者得天下"，如何建立粉丝思维，如何让企业走得更远，值得每个人思考。

五、平台化思维

（一）平台化思维的内涵

平台化思维就是在移动互联网产业链里打通中下游整合各方资源，实现整体效益最大化的思维。在这个过程中，可能无法为某些应用带来多大效益，但整体上可实现价值最大化，这种思维就是平台聚合思维。产品聚合能力的核心是人，本质是用户互动与信息共享。未来企业将围绕用户及用户关系，通过产品聚合，在商品平台上为用户提供更好的一站式服务，打造移动互联网社区、移动搜索、消费平台等。

移动互联网思维不仅需要平台化思维，还需更高程度的平台化思维，如果说互联网的平台思维是半山平台的话，移动互联网的平台思维就是山顶的平台公园，是开放、共享、共赢的思维。

移动互联网平台具有四个主要特征：一是智能化，通过智能化可以实现远程沟通和远程控制；二是交互化，各种人口之间相互交叉，实现有意义的交互性；三是硬件载体化，在移动互联网时代硬件会成为载体，高度标准化和模糊化，硬件的价值让渡给软件，通过软件集成来实现总体收入；四是商业模式化，通过移动互联网入口进行二次分发。一切与信息和内容相关的终端硬件，其平均利润率最终都将归零，利润的最终来源是对流量本身的二次开发和三次开发。

(二) 平台化思维的应用

1. 争取更多用户

在移动互联网时代，用户进入互联网的入口正在发生变化，用户行为轨迹正在大规模向社交、移动平台"迁徙"。现在企业只要一个手机或者iPad的移动App就能把用户接入，接入变得更加随时随地。这种发展给企业营销带来了极大的挑战：一方面，社交媒体正在消除信息不对称，品牌承诺与消费者体验之间的距离更加透明化，需要企业比过去更加关注消费者诉求和体验；另一方面，面对用户在互联网上去中心化的行为轨迹和关系标签，企业需要更加准确地把握消费者的轨迹并施以品牌价值。总之，占有移动互联网的人口是重中之重。移动互联网思维强调的不是产品，而是用户规模和用户流量，只要拥有大量的用户、大量的粉丝，企业就不愁产品的销路。

2. 推动企业发展

移动互联网强调开放、协作、分享，它提高企业的效率、效益、灵活性和避免大企业病，是现代企业管理追求的目标。大而全、等级分明的企业很难贯彻互联网思维，因此，运用互联网思维的企业讲究小而美、化大为小、组织扁平化，这是企业适应移动互联网时代的一个重要判断标准。如今，互联网尤其是移动互联网快速发展，面临的环境变化和不确定性不断增加，企业要在复杂的市场环境下持续发展，就必须把握互联网思维的精髓和本质，要将互联网思维运用到企业经营管理的全过程，唯有如此企业才能在不断适应环境变化的过程中得到发展壮大。

六、极致化思维

(一) 极致化思维的内涵

极致是移动互联网思维的核心特征，也是企业成功的关键要素。极致就是要打造完美化体验，是让产品毫无瑕疵，让客户百无挑剔。极致思维，就是要把产品和服务做到极致，做出让客户惊叹的产品，让人们在完美体验中实现从看客向客户的转变。极致不是故步自封，不是原地踏步，而是以某一细分市场为切入点，在这个领域做到极致。

(二) 极致化思维的应用

移动互联网时代人们的消费习惯、行为特征、生活状态都在急剧变化，主要特征为：第一，客户从耐心变得急躁、从勤奋变得懒惰、从强调总体变成强调个性、从理想变得现实、从理性变得感性，他们追求及时实现，只注重结果不重视过程，注意力高度集中，越来越难以捉摸；第二，媒体碎片化、复杂化，报纸、电视等传统媒体还在继续发挥着作用，但影响力在降低，新兴网络媒体的作用越来越大，尤其是自媒体；第三，产品越来越繁多，物质极大丰富。

面对"客户无法集合""媒体无法整合""产品无法统合"的新时代环境，有效的核心策略就是"以点带面"，要把公司的资源、创意和注意力全部集中在可以突破的点上，满足客户"点"的需求，追求媒体"点"的创意，关注产品"点"的创新。

只要做好一件事就有可能改变世界，这是时代给我们的最大机遇，所有传统工业化的体系思考、维度思考、布局思考，都敌不过一个与众不同的创意点。当一款产品做得足够牛的时候，把这点贯彻下去，就可以进入以点带面的状态。移动互联网时代并不是一个大而全的时代，恰恰相反，它是一个需要高度集中注意力的时代，以点带面是时代给予我们的机遇。

七、体验化思维

(一) 体验化思维的内涵

无体验不营销，体验好坏决定一个产品或服务在市场上的成败。与服务不同，体验更注重与消费者的互动，关注消费者的感官、情感、思考、行动、关联五个方面，从而满足消费者的消费体验。体验营销通过看、听、用、参与的手段，充分刺激和调动消费者的感官、情感、思考、行动、关联等感性因素和理性因素，重新定义和设计营销。这种思考方式突破了传统意义上的"理性消费"的假设，认为消费者消费时是理性和感性兼具的，消费者在消费前、消费中和消费后的体验才是购买行为与品牌经营的关键。表9-1是传统营销与体验营销的比较。

表9-1 传统营销与体验营销的比较

消费体验	传统营销	体验营销
产品	汇集产品功能，满足消费者物质需求	顾客对体验的感知与认同
价格	产品/服务性价比	顾客价值体验
渠道	销售渠道网络的建立	互动场所的提供
促销	产品/服务的认知与传播	口碑传播效果的体现

(二) 体验化思维的应用

1. 明确体验目标

在体验之前，要有一个明确的目标，有粗略的规划和预算，明确企业在体验营销上要达到何种预期效果，以此为基础展开体验。体验目标的设定对于体验活动能否达到预期的效果十分重要。

2. 设定体验环境

企业要从目标客户的角度出发，为其提供独特且难忘的消费体验，帮助消费者找出潜在的心理需求，激发消费者的购买欲望。这要求营销人员确定产品的卖点，使顾客体验后能够直接对产品进行判断。要通过各种手段和途径来创造一种综合效应以增加顾客对产品及企业品牌的体验。不仅如此，还要跟随消费流行趋势思考顾客所表达的内心渴望的价值观和意义。

3. 有明确主题

消费者不仅是理性的更是感性的，消费是一个整体，功能价值不是唯一的，消费者要的是娱乐、刺激、受教育、被打动和有新意的挑战。体验通常是为了追求梦想、感觉和乐趣。企业的营销人员应精心设计这些"体验"和"主题"，以满足消费者的愿望。

4. 有效果评价

在体验营销中还要对活动前期、中期及后期的体验效果进行评估。通过对活动的审查和判断，企业可以了解体验活动的效果情况，并根据评估结果重新修正运作的方式与流程，对体验式的营销活动进行更好的控制。

在体验营销活动中除了要突出以顾客为中心的基本思想，充分体现顾客至上的原则外，还要做到体验传播的内容与体验的主题相一致，并注意加强对营销成本的控制。

八、开放化思维

(一) 开放化思维的内涵

开放是移动互联网时代的最重要特征。运用互联网思维的企业都具有开放性，不仅对内部员工开放，更重要的是对外开放。开放的最终目的是有效整合内外部资源，打造良好的生态环境，提高企业竞争力。

(二) 开放化思维的应用

在开放化思维的指导下，移动互联网时代的商业将呈现的特征是：第一，传统商业没落，线下人流减少，商业成本上升，消费者越来越挑剔，并已经形成网络购物的消费习惯。随之而来的是商业立场和价值观的变化，大量品牌入驻B2C，自己直销。第二，渠道进一步扁平化，传统商业模式中，商品从厂家到总代理、二级经销商、批发市场到终端，再到消费者，价格会有5～10倍的空间，中间渠道将会不断压缩蚕食消费者的利益。移动互联网时代，商家可摒弃中间环节，直面消费者，从而为他们提供更低的价格。第三，移动互联网重塑商业生态，O2O会成为主流，线上消费线下体验会成为主要的商业模式。

今天，互联网中每分钟产生的数据量都是惊人的，用户的购买习惯、生活信息、兴趣爱好都可以通过大数据一一分析出来。在移动互联网时代，企业面临的挑战包括：如何以客户为中心更好地和客户沟通，如何分析客户，如何与客户建立深层次的关系，如何不断适应客户。而大数据分析也要面临挑战：一是有待开发的大数据资源；二是未来大数据分析是从领导层到一线员工都要应用；三是这么多的数据，如何分析，如何产生价值。

移动互联网产生了海量数据，在开放化思维的指导下，要想做到为每位用户的个性化需求精准组织商品，为用户提供定制化的消费体验，前提是对海量数据进行分析，研究用户的消费轨迹，揣摩消费者可能感兴趣的商品，再通过各种方式呈现到用户面前，形成良性循环。

九、品牌化思维

(一) 品牌化思维的内涵

进入移动互联网时代,一切变化都在加快,企业更需加强品牌化思维。移动互联网和社交媒体为品牌塑造提供了新的工具和可能,以移动互联网和社交媒体为核心的数字技术和由此产生的"互联的消费者"正是助推中国企业抓住这一历史机遇的驱动力,其含义有以下三点:

第一,由于移动互联网的高速发展和智能手机的普及,以及5G网络的快速建设,企业与消费者的沟通渠道从有限时间的有限渠道,转变为每时每刻都有可能把品牌信息以精准的方式传达给消费者。

第二,社交媒体正在改变品牌体验的定义。社交媒体提供了企业同消费者沟通的直接平台,同时又是对消费者的极大"赋权",让信息更加透明,让消费者的消费体验成为"品牌内涵"的一部分,影响其他消费者对品牌的印象。

第三,数字技术的快速发展扩大了品牌内涵的维度,无限扩展了品牌与消费者沟通的时间和地点的灵活度,使得沟通和购买可能在第一时间进行,彻底改变了品牌建设的内涵。

(二) 品牌化思维的应用

"全景营销"大环境下企业品牌的内涵无限扩展,既要考虑企业给消费者"推送"的品牌定位和品牌形象,也要考虑消费者"主动创造"的品牌内涵。企业品牌的宣传方式也更多样化,特别是移动互联网等数字技术,可以为消费者创造全新的消费体验。

移动互联网将产品和用户的距离变成面对面,广告、渠道、品牌失去意义,直接看产品就可以了。移动互联网的本质其实就是便捷、随时随地、无距离。品牌再也不用靠时间去积累所谓的文化,更多的是用未知的概念或技术吸引用户追逐产品。在移动互联网世界里,建议好的品牌要因人而异、因事而异,具体需要考虑如下几个方面。

1. 仔细研究消费者,做好行为分析

从消费者的角度出发,理解消费者的一切消费行为,知道消费者想要什么、能要什么。大数据的发展为这一切提供了可能,相对于传统社会,消费者更加急躁,只有深入

了解消费者才能准确把握消费动向。

2. 利用碎片化时间进行整合

充分了解用户的碎片时间规律，查找低值、峰值，有节点地投放广告咨询和品牌信息，根据大数据分析消费者的消费习惯、情感偏好、行为特征，投其所好，精准投放、点滴渗入。

3. 内容为王

与消费者沟通互动优质的内容，这个内容要真正给用户提供帮助，让消费者成为品牌消费者，并培养品牌忠诚度和美誉度。

4. 大数据挖掘和分析

利用各种机会搜集和分析用户的消费数据、行为特征、使用习惯，并利用各种大数据平台给予用户精准的消费指导。

第四节 移动互联网思维创业方向

纵观移动互联网时代的成功企业，无一不在商业模式的创新方面有着独到的见解。可以说，移动互联网商业模式创新关系到移动互联网企业能否做大做强，关系到移动互联网产业能否持续健康发展。

一、移动互联网商业模式

移动互联网商业模式主要有以下三种：

（一）"工具+社区+电商"模式

UC浏览器、小米手机、苹果App store、360安全卫士、微信、新浪微博等，这些成功的产品有一个共同的特征就是商业模式创新。移动互联网时代，消费者的消费习惯、行为特征都发生了重大改变，需求的多样化、业务的繁荣、平台的开放、市场竞争的加剧决定了移动互联网商业模式的多元化。

"工具+社区+电商"的三位一体模式将成为移动互联网时代的主流模式。一个成熟的模式首先要具备实用性，成为一个必备工具，众多的使用者使其成为一个社区，然后逐步嫁接电子商务业务。微信就是一个非常典型的案例，微信起始于社交工具的概念，后来逐步加入了朋友圈点赞和评论功能，形成一个大社区，在区里面认识的人不断交流，形成强关系矩阵，在此基础上又添加了微信支付、精选商品、电影票、手机话费充值等功能，嫁接电子商务。至此，一个完整的"工具+社区+电商"模式形成。

(二) "SoLoMo+O2O" 模式

SoLoMo即social(社交化)+local(本地化)+mobile(移动化)，SoLoMo从根本上改变了以前的上网方式和交流方式，也改变了企业和消费者的互动方式。

社交毫无疑问是当下乃至未来的潮流，而本地化和移动化则是建立在社交的大平台上以获得快速发展。对于O2O商务公司来说，方便衡量性能是很重要的，这是O2O商务的宗旨之一。未来，圈子文化、社区属性、工具创新、资源整合、商业价值，这些将共同构成SoLoMo+O2O模式下的推广路径，缺一不可，需要更多企业、更多线上和线下商业机构、更多营销人员基于互联网进行落地。没有思维方式创新，一切转型都是空谈。

(三) 多元化模式

每个成功的公司都有一个成功的模式。苹果构建"终端+应用"软硬一体化的商业模式，从而打造了具有竞争力的生态系统，使苹果手机傲视群雄；阿里巴巴打造"B2B+B2C+C2C+流量直通车"电子商务平台模式，从而为阿里缔造了电子商务"帝国"；谷歌采用"搜索免费+后向增值+专注互联网安全"及开放的平台赢得巨大市场份额；小米通过"轻资产+高性价比手机+粉丝模式"取得成功；UC优视科技专注于手机浏览器市场，从而成为手机浏览器的领先者。

二、移动互联网商业模式特征

商业模式多元化是大势所趋，优质的商业模式具有如下特征。

（一）定位精准

移动互联网企业要打造成功的商业模式，必须坚持正确的战略定位，准确洞察消费者，时刻坚持以客户为中心，注重和强化消费体验，构建良好的产业生态系统。充分运用互联网工具改变企业经营模式，以打造开放平台为目标。

移动互联网时代是"平台为王"的时代，也是"生态为王"的时代，企业要实现商业模式创新、技术创新和客户体验创新的有效结合，以形成新的竞争优势。

（二）注重差异化优势

在碎片化、个性化、多元化的移动互联网时代，如何吸引用户、提高用户黏性成为移动互联网企业成功的关键因素。注重差异化优势，不走寻常路，利用差异化提供不同的服务。

坚持开放是移动互联网的重要特征，也是检验商业模式成功与否的重要标准。优秀的商业模式必须将"开放"作为核心，以开放的姿态拥抱产业链上的各个合作伙伴，只有这样，才能获得长期的合作发展。优秀的商业模式最终总是能够体现为获得资本和独特的市场价值，能够为企业带来持续的盈利。

在移动互联网迅猛发展、市场竞争日益激烈的今天，重视和强化商业模式创新更为紧迫。在此过程中千万不要盲目跟风模仿，而是选择自己擅长的、具有差异化的、能避免直接与互联网巨头竞争的、有一定盈利潜力的业务为切入点。企业要紧贴这些领域的市场需求开发和运营产品，提高自身的可持续发展能力。

（三）重点是体验

在消费者原有消费体验的基础上如何增加新的体验，让消费者享受更多的服务，让消费者参与进来，这很重要。比如到商场购物，人气旺一点的商场停车排队几十分钟是常事，即使进了停车场，找车位也很麻烦，这就可能导致很多顾客因为嫌麻烦而放弃，长期来看，商场会损失很大一笔营业额。如果商场能够开发一个软件，顾客只需在出发前登录就可以知道有没有停车位，甚至可下单预定车位，一进停车场，手机导航便可快速找到位置，这种方便的体验能够帮助商场吸引更多客源。

移动互联网就是移动的经济，是社会发展的必然趋势。数据重构商业，流量改写未来，移动互联网正以摧枯拉朽之势重新书写商业传奇。商业模式正在不断颠覆和重构。

颠覆不是贬义词，在移动互联网时代，正是由于不断颠覆、不断跨界，才推动了经济的高速发展。

本章小结

本章首先阐述了移动互联网时代的改变和特性，提出移动互联网思维是时代发展的必然；介绍了移动互联网思维的含义、要素和特性；然后详细阐述了移动互联网思维九大思维模式，即碎片化思维、移动化思维、个性化思维、粉丝化思维、平台化思维、极致化思维、体验化思维、开放化思维、品牌化思维；最后，介绍了移动互联网思维的创业方向。

思考与练习

实践训练 ▶▶

1. 请利用搜索引擎找到2个运用移动互联网思维创业的成功案例，试分析成功的原因。

2. 利用搜索引擎找到1个运用移动互联网思维创新的案例，并说出该企业的亮点和吸引人之处。

简答题 ▶▶

1. 移动互联网思维的含义是什么？

2. 粉丝经济的创新点有哪些？

3. 从移动互联网思维的角度，谈谈如何利用互联网进行创业？

案例分析题 ▶▶

小红书App

2013年，毛文超和瞿芳在上海创立了小红书App，最初这款App是一个带有购物攻略性质的海淘化妆品平台。但随着电商红利期逐渐过去，小红书摇身一变，开始专注于打造一个年轻化分享社区，用户可以通过短视频和图文等形式来记录生活点滴。由此，小红书走上了一条打造内容社区的道路，把移动互联网的碎片化思维应用到了极致。

随着小红书用户的快速积累，不仅驱使着很多明星的入驻，同时也吸引更多资本的加入。2018年年初，林允、戚薇、江疏影等一波明星入驻后，小红书发展迅猛，逐渐从小众社区走向大众视野，一些明星靠"带货"更是收入颇丰。

就在发展前景一片大好之际，媒体突然报道了一篇名为"小红书种草笔记产业链"的文章。经调查，在小红书平台上，让消费者疯狂"种草"的笔记可能并非来自真实用户的亲身体验，而是由专业写手按照商家需求"编造"的。各种不良内容被曝光，小红书也开始了整改之路。2019年8月1日凌晨，小红书在其官方微博发布声明表示，已经将小红书App从各大手机平台下架，已对站内内容启动全面排查、整改，深入自查自纠。

从2019年5月开始，小红书启动了一场大规模、高强度的整改。有内部人士称，在小红书下架期间，"审核更严格了"，一些MCN机构还总结了小红书"严禁词汇"清单，"严谨使用刺激消费词语""慎用疑似医疗用语"及虚假广告词等。2019年10月，小红书App重新上架。

从小红书App下架到重新上架的这段时间里，一个问题也引发了互联网行业的思考——移动互联网思维引导下的"内容社区"真是一门好生意吗？

讨论：

1. 社群粉丝时代，如何以移动互联网思维构建新型商业模式？

2. 从小红书的下架到重新上架，分析移动互联网思维对内容社区的影响？

第十章
互联网创业计划

云南某国际探险旅行社网站建设分析

1. 网站建设可行性分析

(1) 由于旅行社开展的主要是云南丰富的探险旅游资源，对外国探险爱好者有足够的吸引力。

(2) 通过对网站建设可行性分析可以看出，除了国内市场外，互联网上还有广大的虚拟市场——国外，数亿网民中不乏探险爱好者，不乏寻求刺激的旅游度假者，同时很多科学考察项目也对云南情有独钟。

以上种种，证明旅行社建设网站，通过互联网招徕国外客户的网站建设环境已经完全具备了。

2. 明确网站建设的重点

服务项目具有特色和吸引力，市场有相应的强大需求，这是定位准确的表现。在此基础上，经营者根据项目本身和互联网虚拟化的特点，着重抓住营销环节中的两个方面：第一是在知名搜索引擎上的网址注册；第二是取信于客户。

(1) 在搜索引擎注册方面，着重抓的是排位，即当浏览者用诸如China Adventure travel(中国冒险旅游)之类的关键词在搜索引擎上进行检索时，旅行社的网址始终显示在第一页，使旅游网站获得了非常好的点击率。

(2) 来访的网民多了，要靠丰富而有质量的信息留住他们，赢得他们的信任，要让他们将网址加到收藏夹中，或者传播给其他人。同时，对于萌生咨询念头的网民要牢牢抓住。

3. 取信于客户

远隔万里不能谋面,不能实地考察,这是网上营销的弱点之一。对此,旅行社从几个方面入手来显示自己的实力与信誉。

(1) 充分利用网页图文并茂的特点,将公司形象地、全方位地展示给客户。在构造信息空间时,严格遵循全面、客观、真实地反映自己,反映中国旅游环境的原则,不粉饰、不夸张,努力塑造诚信的企业形象。例如,旅行路线、潜在危险、饭店软硬件条件、天气、饮食等,事无巨细,提供了几乎所有旅游者想知道的信息。

(2) 对客户的电子邮件咨询快速回答,对所有问题给予详细的答案。例如,导游的照片、接机人的照片、旅行用车、联系电话、紧急救援等,全部落实在细微之处,想客户之所想,急客户之所急。这样可以打消客户的很多疑虑,获得他们的信任。

(3) 取信客户最有效的一招是引用旁证。经过一段时间的运营,该旅行社已经积累了大量国外旅游者的资料。当新的潜在客户还在犹豫时,旅行社可以给出数十个电子邮件地址,让其自由取证,这招屡试不爽。

目前该旅行社几乎所有的客户都来自网上,每个客户每天的消费都在100美元以上,获利颇丰。

通过上述案例可以看出,在互联网创业中,涉及网站策划、网站建设、网络营销和网上用户管理等众多环节,网上创业是一个复杂的系统工程。

学习目标

● 了解互联网创业前期的准备工作。

● 掌握利用第三方平台在网络上开店的方法。

● 了解自建网店创业的方式。

● 了解自建App创业的方式。

● 能够撰写创业项目计划书。

第一节 网上创业前期准备

与传统的创业模式相比，互联网创业的门槛可谓是低了很多。互联网上一个又一个的网络创业传奇，不断地激励着那些有创业意愿却还没有实践的人们。但值得注意的是，尽管互联网商机无限，但在进行网络创业前一定要做好充分的准备。

一、网络创业的整体规划

网络创业前要有一个整体规划。在整体规划中，创业者要首先对网上购物的客户群体有一定的认识，并根据客户群体的特点，开展自己的网络创业，这样有利于创业者制定合适的经营策略，有的放矢。

网上购物的主要群体集中在经常上网的人群当中，根据中国互联网络信息中心的调查数据显示，经常上网人群的年龄通常为15～35岁。因此，卖家可以大致将自己的目标客户群锁定在这一批人当中。将目标群体继续细分，可以总结出以下规律，如从职业上，以白领或从事计算机相关职业的脑力劳动者为主；从知识结构上，以知识青年居多，而且以在校大学生或城市中学生为主。具体的，可以将客户分为不同的群类，不同群体有不同的特点和购物倾向，如在校大学生追求时尚，关注时装、饰品、化妆品及休闲食品；对于妈妈们，特别是刚刚生完小孩的妈妈们，会更多地关注母婴用品和家居用品。

之后，创业者要基于自己的实际情况，确定自己的创业形式、创业手段、创业项目，然后通过书籍、网络等途径，全面了解互联网创业的详细步骤，学习互联网创业的经营策略和业务发展方法。

二、互联网创业前的抉择

创业者在进行网络创业前需要面临的选择是多方面的，从创业形式到创业手段，从选择创业平台到选择编程软件，从销售哪种商品到选择哪家物流公司，都要经过创业者认真的考虑。事实上，每一个环节都可能会影响到创业者未来的经营状况和盈利能力。因此，必须要在创业初期就做好一系列的规划和抉择。

(一) 选择创业形式

面对网络创业多种不同的形式，创业者首先要决定：是自己寻找货源，经营实体商品，是寻找加盟商，做品牌商品的下级分销商，还是做数字化或媒体服务。选择创业形式是其他一切决策的基础，因为不同创业形式在成本投入和经营方式方面都具有很大差异，需要创业者在创业前期就先做出选择，以便做好互联网创业的总体筹划和预算。总之，创业者可以根据自己的实际情况选择适合的创业形式。

各种创业形式，在目标客户群体、商品管理、服务提供和经营策略上都不同，因此创业者一定要首先选择创业形式，做好这一阶段的选择，才能为今后创业工作的开展奠定良好的基础。

(二) 运用创业手段

从某种角度来说，选择不同的创业手段决定着企业日后的规模和发展前景。而且，不同的网络创业手段的操作难易程度存在差异，成功的几率也有很大的差别，因此需要创业者在全面衡量几种手段的风险、做好充分的心理和其他物资准备的基础上，做出适合自己的创业选择。

一般，创业的手段包括通过第三方平台实现、自建网站实现或二者结合实现。第三方电子商务平台是被广泛应用的一种创业手段，它成本低、上手快，具有很多得天独厚的优势，这些优势对于个人，特别是初次接触网络创业的人，有着巨大的吸引力。自建网站也是一种被广泛采纳的创业手段，它拥有自己的独立域名，拥有自己的品牌，不必受条条框框的限制，有更大的经营空间和灵活性，可以拥有更多自己的特色；但相比而言，成本较高、投入较多。将上述两种方式结合也是一些创业者选择的创业手段，但这种方式需要更多的人力、物力和财力才能顺利实现。

(三) 开展经营项目

开展的经营项目，就是创业者选择哪种商品在互联网中销售。适合在网上销售的产品种类很多，一些虚拟商品，比如共享软件、代理充值、为其他商家提供服务、网络游戏和网上多媒体服务等都是目前网上比较热门的经营项目；实体商品的可选择余地更是大得多。在这里列举几种行业产品，作为创业者的参考。

1. 书籍

在网络上销售书籍是电子商务发展初期就开展的，至今的销售市场也是十分火爆。目前，在网上销售二手书籍也是一种时兴的经营项目，很多在校大学生在网上不费成本开家网店，卖自己手中闲置的书籍，也是一种不错的创业实践。

2. 电子产品

在网上销售电子产品，是店主扩大销售市场的很好的选择，网络是一个开放的市场，面向的客户群体要大得多。创业者选择电子产品要注意：一方面，电子产品专业性比较强，需要创业者具备一定的专业知识来应对不同消费者的各种问题；另一方面，一定要保证网络上销售的电子产品的质量，以获得买家的信任和好评，从而才能获得长远的竞争优势。

3. 特色礼品

特色礼品在网上同样有市场。逢年过节、探亲访友，从网上选择一些有地方特色的、精美别致的小礼品送给亲友，能更好地表达自己的关怀和爱意。特色礼品的种类很多，工艺品、土特产等，在网上经营，可以充分利用网上客户资源广这一特点，把这些产品卖给不同城市、不同地区的买家，比经营实体店有着节省成本的优势。

4. 家用电器

价格比较高的商品，在网上销售更容易取得价格优势；同时，网上销售杜绝了实体店距离远和不便利的劣势，只要能保证商品质量和物流，很容易吸引消费者在网上购买。

5. 食品

民以食为天，食品对于一个人来说消费量比较大，只要能保证质量、包装、特色和物流，若能成功打开市场，利润还是非常可观的。

6. 服装

服装是网上销售量最多的商品之一。创业者可以选择为一些大品牌做销售代理，这样可以省去一些品牌推广费用；也可以自己设计、自己剪裁、自己制作，以美观、有特色及做工精细等特点吸引买家。

以上列举的这些仅仅是常见的几种创业项目，除此之外，能够在网上出售的商品还有很多，如首饰、化妆品、皮具、玩具等，但无论选择哪种商品进行网络销售，创业者首先要做的，就是了解自己经营的项目，找到自己的优势和劣势，扬长避短，为创业打好基础。

三、必备的互联网创业工具

(一) 电子邮箱

注册电子邮箱是互联网创业的必要工具之一，它不仅可以用来接收和发送电子邮件，有效保护信息的传递和安全，而且是网络中某些平台和应用注册的必要工具，如注册支付宝账户，就需要用电子邮件地址作为支付宝账户的用户名。

互联网上有很多网络服务商提供免费的电子邮件服务，如网易邮箱、新浪邮箱和QQ邮箱等，创业者可以根据自己的情况选择邮箱进行免费注册。在创业的过程中，它可以帮助创业者接收各种激活注册信息、交易信息和业务信息，也可以用来与顾客、合作者进行沟通交流，还可以进行电子邮件推广，做好网络营销活动。

(二) 即时通信工具

目前，国内流行的即时通信工具很多，如微信、QQ、阿里旺旺、飞信、陌陌和易信等。比较适合网络创业者使用的工具是微信、QQ和阿里旺旺。

1. 微信

微信是为智能终端提供即时通信服务的免费应用程序。微信支持跨通信运营商、跨操作系统平台，通过网络快速发送免费(需消耗少量网络流量)语音短信、视频、图片和文字，也可以使用通过共享流媒体内容的资料和基于位置的服务插件，如"朋友圈""公众平台""语音记事本"等。截至2019年6月，微信的活跃账户数达到11.3亿，用户覆盖200多个国家、超过20种语言。此外，各品牌的微信公众账号总数已经超过800万个，移动应用对接数量超过85 000个。

2. 腾讯QQ

腾讯QQ(简称"QQ")是腾讯公司开发的一款基于网络的即时通信软件，支持在线聊天、视频通话、点对点断点续传文件、共享文件、网络硬盘、自定义面板、QQ邮箱等多种功能，并可与多种通信终端相连。2020年1月，2020年全球最具价值500大品牌榜发布，QQ排名第27位。截至2019年第一季度，QQ月活跃账户数为8.23亿。

3. 阿里旺旺

阿里旺旺是将原先的淘宝旺旺与阿里巴巴贸易通整合在一起的一个新品牌。它是淘宝和阿里巴巴为商家量身定做的免费网上商务沟通软件/聊天工具，在淘宝网、阿里巴巴及其他行业网站，有4800万以上会员，可以帮助用户轻松找客户，发布、管理商业信息，及时把握商机，随时洽谈生意，简洁方便。

当然，除了以上即时通信工具之外，创业者建立的独立网站还可以在网页上提供网页版的在线服务，方便消费者使用、沟通交流，即使没有任何客户端软件，顾客还是能够得到商家的即时服务。

(三) 银行账户

网络创业者还要有自己专用的银行账户，并开通网上银行，方便在经营过程中账务的流通。目前，无论是独立网店还是利用第三方电子商务平台开设网店，店主都应该最大限度地方便消费者，提供尽可能多的支付方式。现在，通过第三方支付实现的交易占全部交易额很大的比重，而比较流行的第三方支付网关都要求实名认证，要以银行账户作为依托。所以，开通自己的银行账户也是网络创业的必要工具。

四、网店的工商注册

根据我国《网络商品交易及有关服务行为管理暂行办法》的规定，从2010年7月1日起，通过网络从事商品交易及有关服务行为的自然人，应当向提供网络交易平台服务的经营者提出申请，提交其姓名和地址等真实身份信息。具备登记注册条件的，依法办理工商登记注册。

目前工商部门并没有开通专门受理个人网店工商注册的服务，也不强制要求网络盈利组织进行工商注册，可见我国在这方面的制度法规还有待完善。不过，创业者在进行工商注册后既可以使自己的网店更加正规，也有利于自己的事业向更高层次发展。

第二节 利用第三方平台网上开店

一、选择网络创业平台

（一）淘宝网

淘宝网是亚太地区较大的网络零售平台、商圈，由阿里巴巴集团于2003年5月创立。淘宝网是中国深受欢迎的网购零售平台，拥有近5亿的注册用户，每天有超过6000万的固定访客，同时每天的在线商品数已经超过了8亿件，平均每分钟售出4.8万件商品。

随着规模的扩大和用户数量的增加，淘宝网也从单一的C2C网络集市变成了包括C2C、团购、分销、拍卖等多种电子商务模式在内的综合性零售商圈。

（二）易趣网

1999年8月，易趣在上海创立，主营电子商务。2000年2月，易趣网在全国首创24小时无间断热线服务，2000年5月易趣网并购5291手机直销网，开展网上手机销售，使该业务成为易趣特色之一；2002年，易趣与eBay结盟，更名为eBay易趣，并迅速发展成当时国内最大的在线交易社区之一。eBay易趣秉承帮助任何人在任何地方实现任何交易的宗旨，不仅为卖家提供了一个网上创业、实现自我价值的舞台，品种繁多、价廉物美的商品资源也给广大买家带来了全新的购物体验。目前，eBay易趣致力于为中国商家开辟海外网络直销渠道，免费注册，成为全球最大的电子商务外贸平台之一，直面3.8亿海外买家，帮助卖家零门槛轻松创业。

(三) 拍拍网

腾讯拍拍网是腾讯旗下的电子商务交易平台，于2005年9月12日上线发布，2006年3月13日正式运营。腾讯QQ是拍拍网最强的支持，它拥有庞大的用户群及优势资源，以最快的速度跻身"全球网站流量排名"前500强，致力于打造一个卖家和买家互通的移动社交电商平台，通过提供包括服装服饰、母婴、食品和饮料，家居家装和消费电子产品等在内的丰富的产品，全面满足消费者的需求。与此同时，拍拍网也为第三方卖家提供数据挖掘和分析等增值服务，这些增值服务将帮助卖家对消费者和市场做出精准分析，并为其产品规划和开展精准营销提供支持。

在2014年京东与腾讯达成电子商务战略合作后，拍拍网并入京东集团旗下。

2017年12月21日，京东集团旗下的专业二手商品交易平台——拍拍二手正式上线。业务主要覆盖二手商品购买、二手商品回收及商品租赁业务，也有个人闲置交易业务，旨在满足用户在各类场景下对二手商品的交易需求。2019年6月3日，京东集团对外宣布，京东旗下二手商品交易平台"拍拍"将与"爱回收"进行战略合并，合并后，京东集团将成为爱回收最大的战略股东。

二、网上开店基本流程

在做好开店前期的一切准备工作，选择最适合自己的第三方电子商务平台后，创业者就可以正式进入开设网店的阶段了。由于淘宝网在目前国内C2C市场上占有最大的交易市场份额，也是很多初次在网络上尝试创业的人的首选网络平台。因此，下面以淘宝网为例，对具体操作进行简要说明。在开设网店的过程中，除了在诸如平台规则(上传商品数量、网店评价规则)、平台使用费用、平台辅助工具和增值服务等方面，不同的平台有着具体不同的规定以外，在任何一个平台上开网店的整体经营思路和关注要点都是相同的。因此，无论创业者选择哪种创业平台，都可以参照以下基本流程进行具体操作。

(一) 网店注册和开店

开网店首先要进行会员的实名注册。在淘宝网首页的左上角点击"免费注册"(见图10-1)，就可以进入注册页面。通过一系列的实名认证(个人信息、身份信息和银行信息等)，注册成功后就可进入网上开店的环节。

图10-1　淘宝网首页

(二) 店名与店头

为网店起个好名字，是今后网店能否获得成功的重要一步。由于在电子商务平台上开店，网店没有独立的域名，其域名都要依附于第三方电子商务平台，这本身就是平台上开设网店的弱势，顾客很难记住某个特定的网店。面对这样的情况，创业者更应该在网店名字上下下功夫。

店名是一个网店在网络世界里的符号，店名要响亮，也要便于记忆，而且要易于检索；起名时要注意名字尽量简洁，也要朗朗上口，可以与自己经营的商品相关，这样当顾客在搜索某一产品关键字的时候，就很容易检索到商家的网店；另外，店名切忌太过通俗常见，在网上购物的消费者通过检索的方式进行商品搜索，目的是降低搜索的难度，缩小特定商品的搜索范围，如果创业者的店名过于通俗和常见，没有一点特色，就会造成自己的网店淹没于消费者的众多搜索结果之中，仍不能脱颖而出，吸引买家的眼球。

店名起好以后，要对店铺进行包装处理，简单地说就是对店名和店标进行修饰。目前，有很多软件可以用来处理图片和加工文字，店主可以将店名做出漂亮的艺术字，或者与背景图片、店标相结合，做成有鲜明特色的店头，让人印象深刻，容易产生购买的欲望。

(三) 进货

开网店卖商品，货源至关重要。在网上购物的消费者除了要承担商品本身的价格之外，还要额外承担货品的物流费用，并且由于不是面对面发生的买卖活动，消费者无法现场检查产品的质量和规格是否能够满足自己的要求。但是，尽管面临这些情形，消费者可能还是会购买网店销售的商品，这样做的理由主要在于，网上销售的商品价格比消费者身边的实体店内同类商品的价格低很多，这才使得消费者愿意去承担上述费用和风险。

在进货渠道上，可以考虑大型批发市场、厂家直销、品牌积压、清仓商品、网店加盟、外贸商品、二手闲置商品和特别的进货渠道等。创业者要根据自己的资金情况、商品质量、客户需求和库存情况等选择合适的进货途径，确保商品的高品质。

(四) 上传商品

在上传商品时，创业者要填写商品的相关信息，包括填写"宝贝基本信息""宝贝物流信息"和"其他信息"等内容。网上销售商品，商品的图片和文字描述都非常重要，因为这是顾客了解网店商品的全部方式，因此作为创业者一定要关注图片的质量，除了要满足淘宝网对图片规格的要求外，还要关注图片的视觉效果是否优质，比如色彩是不是柔和，与背景的搭配是否和谐，与周围颜色的对比是不是美观，图片中商品的状态是不是能够引起顾客购买的兴趣等。

商品的文字描述同样很重要，而且商品描述应该尽量做到细致，最好可以达到面面俱到，因为越是这样越可以减少买家的疑虑，也就增大了顾客购买的可能性。在为自己的商品添加文字描述之前，建议创业者多多浏览同行业其他店铺的文字描述，借鉴热销商品的详情描述技巧。

(五) 交易的达成

网店正式开张以后，就可以进行商品的买卖了。顾客登录淘宝网站，搜索自己想要的商品，经过一系列的比较、选择，与卖家沟通、商讨之后，买家决定购买某家淘宝店铺的商品。一般在淘宝网上购物采用支付宝付款，交易完成后支付宝会将货款转到卖家的支付宝账户中，卖家可以将支付宝中的钱提现转到自己绑定的银行卡中，也可以留在支付宝里，留待以后交易使用。付款结束后，顾客给出购买评价，至此交易正式完成。

一笔交易真正实现之前，需要创业者付出很多的努力，特别是对一家新开张的网店来说，宣传推广更是至关重要，以确保引起顾客的兴趣。

(六) 客户服务

网上开店最需要的就是顾客的主动性，所以网络创业者要特别重视网店经营过程中各个阶段的客户服务工作，这对网店能否长期经营下去具有重要的作用。

售前服务主要负责顾客在浏览网店选购商品阶段的服务工作。这一阶段的客服人员，尽量做到对商品的情况了如指掌，特别是一些销售专业商品的网店，一定要保证客服人员对商品的规格、特点、性能十分熟悉，无论面对顾客的何种疑问，都可以对答如流。因为购买这些商品的顾客往往自己具有一定的专业知识，他们通常对商品的品质要求比较高，在购买过程中咨询的问题一般也专业性较强，客服人员只有表现得应对自如，才能让买家觉得网店够专业，购买商品时才能放心。

在遇到买家对商品不满意或申请退款的情况时，售后服务人员要尽量与顾客沟通，了解事实情况，妥善地处理问题。卖家尽量做到服务到位，不要让买家留下差评，毕竟很多顾客在选购商品时会比较在意这类评价。

至此，在淘宝网上从开店到卖出一件商品的基本流程就结束了。一次交易的过程看似简单，但是对于商家来说，在交易的背后还蕴含着很多深层次的东西，值得商家去慢慢钻研。能够成功的经营一家网店不是一件容易的事情，需要创业者付出很多心血，学习很多技巧，同时要关注每个细节，善于思考和总结，在既往的成果或失败的经历中汲取经验和吸收教训。创业者只有把每一个环节都做到尽善尽美，将更好地满足客户需求作为自己服务的目标，才可能实现网络创业的成功。

第三节　自建网店创业

在网络创业中，自建网店也是一种常用的方式，它具有许多与第三方平台开店不同的特点和内容。

一、网站注册的要点

(一) 域名注册

域名注册是互联网中用于解决地址对应问题的一种方法。域名注册遵循先申请先注册原则,管理机构对申请人提出的域名是否违反了第三方的权利不进行任何实质审查。每个域名都是独一无二的,不可重复的。因此,在网络上,域名是一种相对有限的资源,它的价值将随着注册企业的增多而逐步为人们所重视。

1. 域名的意义

域名用于映射国际互联网上服务器IP地址、网络上的某个服务器或某个网络系统的名字,从而使人们能够与这些服务器连通。世界上没有重复的域名,域名的形式是以若干个英文字母和数字组成的,由".".分隔成几部分,如IBM.com就是一个国际域名,sina.com.cn就是一个国内域名。无论是国际域名还是国内域名,全世界接入互联网的人都能准确无误地访问到。

在新的经济环境中,域名所具有的商业意义已远远大于其技术意义,而成为企业在新的科学技术条件下参与国际市场竞争的重要手段,它不仅代表了企业在网络上独有的位置,也是企业的产品、服务范围、形象、商誉等的综合体现,是企业无形资产的一部分。同时,域名也是一种智力成果。

2. 可供注册域名种类

域名主要有如下几种类型。

.com:供商业机构使用,是最广泛流行的域名格式,被大部分人熟悉和使用。

.cn:中国企业的互联网标识,国家顶级域名。

.top:供商业机构使用,是国际通用顶级域名,被大部分人熟悉和使用。

.net:原供网络服务供应商使用,现无限制。

.org:原供不属于其他通用顶级域类型的组织使用,现无限制。

.edu / .gov / .mil:供教育机构/政府机关/军事机构使用。

3. 域名注册申请步骤

(1) 准备申请资料。.com域名无须提供身份证、营业执照等资料,.cn域名已开放个人申请注册，所以申请需要提供身份证或企业营业执照。

(2) 寻找域名注册网站。由于.com、.cn域名等不同后缀均属于不同注册管理机构所管理，如要注册不同后缀域名则需要从注册管理机构寻找经过其授权的顶级域名注册服务机构。如.com域名的管理机构为互联网名称与数字地址分配机构(ICANN)，.cn域名的管理机构为中国互联网络信息中心(CNNIC)。若注册商已经通过ICANN、CNNIC双重认证，则无须分别到其他注册服务机构申请域名。

(3) 查询域名。在域名注册查询网站注册用户名成功后，可查询域名是否被注册，选择要注册的域名，并点击查询。

(4) 正式申请。确认域名为可申请的状态后，提交注册，并缴纳年费。

(5) 申请成功。正式申请成功后，即可开始进入域名系统，实施解析管理、设置解析记录等操作。

4. 域名注册规则

由于互联网上的各级域名是分别由不同机构管理的，所以各个机构管理域名的方式和域名命名的规则也有所不同。不过域名的命名也有一些共同的规则，主要包括如下几点。

(1) 域名中只能包含以下字符：26个英文字母(a～z)；10个数字(0～9)；英文中的连词号"-"。

(2) 域名中字符的组合规则：在域名中，不区分英文字母的大小写；对于一个域名的长度是有一定限制的。

5. 域名注册注意事项

为了保证域名持有者合法持有域名、正当开展互联网应用的合法权益，用户在注册后要关注域名信息的变化，确保域名注册信息的真实、准确、完整。

(1) 通过域名注册中心网站"WHOIS查询"系统或注册服务机构网站核实域名登记的注册信息是否正确；WHOIS(读作"who is"，非缩写)是用来查询域名的IP及所有者等信息的传输协议。简单说，WHOIS就是一个用来查询域名是否已经被注册，以及注册域名的详细信息的数据库(如域名所有人、域名注册商)。

(2) 若注册信息发生变化，如注册者、注册者联系人、联系方式等信息，应当及时通知域名注册服务机构加以变更，以确保域名注册信息的有效性。

(3) 密码是办理域名业务的有效身份标识，注册企业应妥善保存注册服务机构提供的用于域名管理维护的管理密码和用于变更注册服务机构的转移密码等。

(4) 与注册服务机构保持顺畅联系，确保能够通过注册服务机构按时续费。根据《中国互联网络信息中心域名注册实施细则》的规定，每年域名到期日同申请日。域名到期后的30日为续费确认期，如果在上述期限内书面表示不续费，域名注册服务机构有权在30日后注销该域名；如在上述期限内未书面表示不续费，也未续费，域名注册服务机构有权在上述期限届满之日注销该域名。

(二) 申请ICP经营许可证

ICP许可证，也称互联网信息服务业务经营许可证，或者增值电信业务许可证中的互联网信息服务业务。

ICP许可证申请具有强制性，以营利为目的的网站必须获得ICP许可证，否则视为非法经营。《互联网信息服务管理办法》第四条规定，国家对经营性互联网信息服务实行许可制度，对非经营性互联网服务实行备案制度。未取得许可或者未履行备案手续的，不得从事互联网信息服务。

1. 申请ICP许可证所需条件

(1) 经营者为依法设立的公司，注册资金大于等于100万元的内资公司。

(2) 有与开发经营活动相适应的资金和专业人员。

(3) 有为用户提供长期服务的信誉或者能力。

(4) 有业务发展计划及相关技术方案。

(5) 具备健全的网络与信息安全保障措施，包括网站安全保障措施、信息安全保密管理制度、用户信息安全管理制度。

(6) 涉及ICP管理办法中规定须要前置审批的信息服务内容的，应取得有关主管部门同意的文件。

(7) 国家规定的其他条件。

2. 申请ICP许可证所需资料

(1) 注册资金证明：100万元以上，有独立的企业法人。

(2) 公司法定代表人签署的经营增值电信业务的书面申请。

(3) ICP备案登记表。

(4) 公司的企业法人营业执照副本及复印件，并加盖公司公章。

(5) 公司概况，包括公司基本情况，拟从事增值电信业务的人员、场地和设施等情况。

(6) 公司近一年经会计事务所审计的财务报告或验资报告(新公司仅提供验资报告)。

(7) 公司章程，公司股权结构及股东的有关情况。

(8) 从事新闻、出版、教育、医疗保健、药品和医疗器械等互联网信息服务的，应提交有关主管部门前置审批的审核同意文件。

(9) 从事经营ICP业务的可行性报告(含经营服务项目、范围、业务市场预测、投资效益分析、发展规划、工程计划安排、预期服务质量、收费方式和标准)与技术方案(含网络概况及结构、组网方式、网络选用的技术及标准、设备配置等)。

(10) 为用户提供长期服务和质量保障的措施，包括后续资金保障、技术力量保障、商业经营保障、内置管理模式。

(11) 信息安全保障措施，包括网站安全保障措施，信息安全保密管理制度，用户信息安全管理制度。

(12) 接入基础电信运营商的证明，即服务器托管协议(预期服务保障)。

(13) 公司法定代表人签署的公司依法经营电信业务的承诺书。

(14) 证明公司信誉的有关材料(新申请公司无此项，由非经营性公司转为经营性公司需提供)。

网站经营者准备好上述资料后，向公司所在省通信管理局提交并等待审批，电信主管部门应当自发出受理申请通知书之日起60日内完成审查工作，做出批准或者不予批准的决定，审批通过后即可领取证书。

3. 网站备案

网站备案是根据国家法律法规需要网站的所有者向国家有关部门申请备案，依据《立法法》和《法规规章备案条例》予以执行。法律规定经营性网站必须备案，申请备案的经营性网站必须满足以下条件：

(1) 网站所有者拥有独立域名，或者得到独立域名所有者的使用权。

(2) 网站所有者取得各地电信管理机关颁发的《电信与信息服务业务经营许可证》，

即《ICP许可证》。

(3) 网站所有者的《企业法人营业执照》或《个体工商营业执照》中核定有关"互联网信息服务"或"因特网信息服务"经营范围。

4. 提交材料

在网站经营者满足上述条件的前提下，可向通信管理部门提出申请，或通过官方备案网站提出备案申请，填写《经营性网站备案申请书》，需要提交网站的名称、域名、IP地址、管理负责人、ISP提供商、服务器所在地址和联系方式等相关内容，在线提交并打印。提交材料包括：

(1) 加盖网站所有者公章的《经营性网站备案申请书》。

(2) 加盖网站所有者公章的《企业法人营业执照》或《个体工商户营业执照》的复印件。例如，网站有共同所有者，应提交全部所有者《企业法人营业执照》或《个体工商户营业执照》的复印件。

(3) 加盖域名所有者或域名管理机构、域名代理机构公章的《域名注册证》复印件，或其他对所提供域名享有权利的证明材料。

(4) 加盖网站所有者公章的《ICP许可证》复印件及相关批准文件的复印件。

(5) 对网站所有权有合同约定的，应提交相应的证明材料。

(6) 所提交的复印件或下载的材料，均应加盖申请者的公章。

网站备案后，网店方可正式运营。网站成功备案后，网站所有者需在15日内将备案电子表安装在网站首页的右下方，并将其连接到工商行政管理局"经营性网站备案信息数据库"，以供消费者查询。

二、网络服务提供商的选择

从广义上讲，网络服务提供商是指为互联网使用者提供信息传输、存储和处理等服务的经营机构，包括提供接入中介的服务商和提供内容服务的服务商。提供中介服务的服务商被称为网络服务提供商(ISP)，提供内容服务的服务商被称为网络内容提供商(ICP)。

我国主要的网络服务提供商有中国电信、中国联通、中国铁通和中国移动等电信服务部门,其作为基础运营商提供网络服务。网店经营者主要是在选择虚拟主机或服务器时需要考虑选择哪种网络服务提供商。根据不同地理位置,各公司提供的服务质量略有差异。在网店建站、经营的过程中,网店经营者接触更多的是网络内容提供商,目前很多网络内容提供商提供域名注册、虚拟主机及服务器租用等建站业务。

下面介绍两家规模较大、信誉较高的网络内容提供商,供网店经营者作为参考。

(一) 中国万网

中国万网成立于1996年,是中国领先的互联网应用服务提供商。万网致力于为企业客户提供完整的互联网应用服务,服务范围涵盖基础的域名服务、主机服务、企业邮箱、网站建设、网络营销、语音通信等应用服务,以及高端的企业电子商务解决方案和顾问咨询服务,帮助企业客户真正实现电子商务应用,提高企业的竞争能力。

阿里巴巴集团于2009年收购万网,2013年1月6日,阿里巴巴集团宣布旗下的阿里云与万网将合并为新的阿里云公司,合并后"万网"品牌将继续保留,成为阿里云旗下域名服务品牌。

中国万网是中国域名注册服务的先行者、中国虚拟主机服务的开创者、中国企业邮箱服务的领先者和中国网站建设服务的创新者。万网一直秉承专业、诚信、服务、进取的价值观,以用户最终价值为导向,向用户提供优质产品和优质服务,从而赢得了用户的信赖。经过18年的发展,中国万网已经成为互联网应用服务领域的领先品牌。

中国万网构建了365天不间断的稳定运行保障体系,其服务器群分布在国内外10个顶尖IDC机房,全部机房均部署独立IP、光纤接入及线路冗余、intel多核服务器平台、DDT备份体系、电信级网络设备及网络实时监控系统等,为客户提供高质量、高效率、高安全性的7×24小时专业运维保证。

中国万网拥有设施齐备、功能完善的专业级呼叫中心。万网客户服务中心和技术支持中心提供7×24小时不间断的专业的电话服务和全方位的实时智能监控。众多世界500强企业、中国知名企业、中国各级政府、社会服务机构、中小企业和个人客户信赖万网,依托万网的服务开展自己的互联网应用服务。

(二) 美橙互联

美橙互联是上海美橙科技信息发展有限公司旗下的国内专业互联网服务提供商,

ICANN及CNNIC认证域名注册机构，提供域名注册、虚拟主机、网站建设、企业邮箱、云主机、网络推广等全系列一条龙服务，助力企业互联网应用。

美橙互联坚持团结互助、敬业负责、恪守信誉、积极进取、勇于创新的企业文化，公司汇聚了行业内的大量专业人士，拥有多位linux/freeBSD/unix经验的系统工程师、微软认证工程师和网络安全技术人才。核心团队均为该行业从业多年的专业人士，拥有丰富的行业经验，并不断改革与创新，以满足客户的最新需求。成立之初，公司便将"专业品质、服务为本、诚信经营、恪守信誉"的理念作为核心价值观，以向客户提供多样、安全、稳定、放心的产品。

美橙互联还拥有比较强大的服务平台，产品服务平台全面采用国际领先的专业软件系统，并提供域名注册、企业邮箱、智能DNS、智能建站(建站之星)、虚拟服务器(VPS)、服务器租用、服务器托管等完整的网络产品线，并承诺提供7×24小时，全年365天不间断服务。美橙互联公司的产品包括：

1. 美橙互联建站之星

建站之星网站建设系统是一种全新的互联网应用模式，它一改过去传统的企业建站方式，无须企业编写任何程序或网页，无须学习任何相关语言，也无须第三方代写或管理网站，只需应用系统所提供的各种强大丰富的功能模块，即可轻松生成企业个性化的精美网站。

建站之星系统能让用户在短时间内迅速架设属于自己公司的企业网站，系统易学易懂，用户不需学习编程及任何语言，只要使用该系统平台即可在线直接完成所有建站工作。同时该系统率先在国内采用模块化管理，建站者想要改变页面布局仅需使用鼠标拖拽相应的模块到指定的页面区域即可，真正做到所见即所得。如果建站者懂HTML语言，还可以在建站系统的框架内设计个性化的网站，系统给予了建站者相当大的自由度。

2. 美橙互联橙云主机

结合虚拟化行业五年的经验，历时一年的研发，美橙互联自主研发的"橙云"云计算系统已经正式上线了。以最新的虚拟化技术为基石，系统完美调度大规模IT硬件资源，用户可按需使用，弹性扩展，在线管理。

三、网站的建设框架

网站是企业在互联网上的形象，是企业开展营销活动的重要环节。一个建设良好的电子商务网站有利于帮助企业宣传产品、提供客户服务，增加企业的销售机会。

(一) 网站基本内容

尽管每个企业所属的行业不同，经营的产品性质也不同，其网站建设的差距也会较大。但一般来说，成功的网站都具备一些共同的要素。

1. 网站介绍

用以对企业的办公场所、产权归属、企业背景、经营项目等进行介绍，以便访问者对网站的基本情况有一个概括性的了解。

2. 站点地图

有许多访问者对网站是很陌生的，所以提供站点地图能够帮助他们尽快地找到其所需要的各种信息。

3. 相关内容及栏目

在公司的主页及其他相关页面上，各个栏目应当布局合理。对于商业网站而言，不宜采用大量的动画、背景音乐等多媒体技术。比较好的风格类似于报纸的分类目录，这种方式便于导航，页面简洁、重点突出。

4. 联系信息

联系信息应当包含多个方面，首先要包括各个职能部门的联系方式，如客户服务部、技术部、网络管理部等；其次既要提供电子邮件地址，还要提供邮政通信地址、联系人、传真、电话号码等。

5. 讨论区

讨论区的方式可以是多种多样的，如留言板、电子公告板或者论坛等。其目的在于收集客户的反馈意见、联系方式等。

6. 常见问题解答

企业的网站开通后，就要面对客户提出的各种各样的问题。当然，对于大的网站而言，可以通过建立客户呼叫中心来解决这一问题，但是如果能够把专业术语、共性问题等内容经过整理放在网站上，则既能降低企业的成本，又能节省访问者的时间和精力。

7. 搜索引擎

这里所说的搜索引擎不是指门户网站上的搜索引擎，而是指专业化的站内搜索引擎。通过该搜索引擎，用户可以对网站内的专业信息进行搜索。

8. 新闻

通过新闻，企业可以提供最新的相关产业资讯，并同时让用户感觉到网站是在经常进行更新的，用户每次访问网站都会有收获和新的体验。

9. 相关链接

网站中可附相关企业的链接，方便访问者直接选择，了解整个行业的情况。例如，行业协会、商会等网站的链接。

(二) 网站规划设计

对于商业网站来说，要想吸引用户前来访问，留住并使其成为忠诚客户，网站规划设计至关重要。

1. 网站的总体规划

网站的总体规划是任何网站建设中都必须遵循的第一步，包括如下两个方面。

(1) 经营层面规划。根据企业的行业性质、产品属性，企业的经营理念、经营风格等来确定网站的总体风格、布局和网站的内容。

(2) 技术层面规划。技术层面规划主要包括对系统的内部结构、实现方法和维护等进行规划。例如，网站的结构、新添文件与原有系统保持一致的措施、信息的组织与管理、存储信息的物理方法(采用数据库还是文件系统)、文档版本控制(如何确保多个用户同时编辑同一个文件)、结构的完整性和一致性的维护方法等。

2. 网站内容的规划

网站内容的好坏、对用户的有用程度等将直接影响网站营销目标的实现。

(1) 网页在不同平台及浏览器上的兼容性。一个优秀的电子商务网站必须注意网站在不同操作平台及浏览器上的兼容性。一个电子商务网站的建成,就意味着它可以被世界各国的人所浏览,所以在网页设计时要充分考虑到这一点,让所有的浏览器都能够正常浏览。要达到上述要求,就需要进行网站测试。因此,当网站开发完成后,企业需要用专门的测试软件对网站的浏览性能进行测试,性能测试直接关系到产品的质量及推出后的受欢迎程度。

(2) 网站内容与技术整合。对于一个良好的电子商务网站而言,关键在于将技术与内容进行整合。技术人员在对网站进行建设的时候,企业会为技术人员提供大量的产品介绍、企业理念和营销活动等方面的原始资料,这些资料构成了网页设计的基础部分。

网页设计要根据网站形象策划与宣传、文化理念传播与打造的需要,对相关信息(主要是文字与图片)进行加工。设计的具体要求包括:①网站的内容应既能达到网站设计目标,又能满足用户的期望,并且应该及时更新。②提供一些在线帮助功能。为了及时了解用户对网站的看法,可以在网站上提供网站所有者的电子邮件地址、网上论坛和网络会议等功能,让用户能够发表观点和进行讨论。③网页的文本内容应简洁。所有内容都要围绕企业的目标进行,在文字上不能有语法错误和错别字。④避免过分使用新技术。大多数用户关心的是网站的内容是否具有价值、是否能够为他们提供有效的服务,过分使用新技术常常会造成系统的不稳定,使用户丧失对网站的信心。⑤到达最终页面点击次数越少越好。在网站中,由任一个页面到达最终目的页面的点击次数不超过三次。

(3) 多媒体应用。图像、声音和视频信息能够比普通文本提供更丰富和更直接的信息,产生更大的吸引力,因此多媒体技术在网站建设中得以大量应用。多媒体技术的应用应当与网站经营目标相结合,具体包括:①防止滥用动态效果。大量地使用动态元素,会使浏览者的注意力难以集中到网站本身的内容上,尤其是在网站上使用一些与主题不相干的动画,效果可能适得其反。②浏览速度。一般而言,如果网页的下载时间超过15秒,浏览者将会自动放弃,因此网页上的图片要尽量小一些,只有当图形或图像真正有助于用户对信息的理解时,才能予以使用。③导航设计。导航设计的好坏对于浏览者,尤其是新的访问者是非常重要的,设计前必须对网站的整体架构有一个良好的规划,采用以用户为中心的设计方法。

3. 网站布局规划

对于商业网站而言，尽管漂亮的网页画面必不可少，但更主要的是网站布局。网站布局通常采用的技术是HTML的表格和框架功能，网页设计人员可借助这些技术对网站进行布局，以符合用户的阅读习惯。

4. 文档目录的规划

文档目录的规划，即规划网页的物理保存位置。有些网站将存放网页的文件夹只划分为两个物理目录，一个用来存放网页，另一个用来存放图片，甚至还有的网站将所有的文件都放在一个文档中，当然，对于一个非常小的网站而言，由于内容很少，上述做法不会造成什么麻烦，但是对于一个商业网站而言，由于内容很多，缺乏了文档目录的规划会使管理变得非常混乱。因此，企业在规划文档目录时，要根据自身网站内容进行合理规划，设计出适合的网页文档目录。

四、网站经营与组织管理

网站是企业向顾客提供信息、产品或服务的重要媒介，是企业开展电子商务的基础和核心平台，企业的电子商务活动无法脱离企业的网站，所以企业网站经营与组织显得极为重要。因为网站是企业在互联网上展示自身形象和文化、开展顾客服务的重要窗口，网站经营与组织管理的好坏，将直接影响企业的经济效益。

(一) 明确网站目的、目标群体和用户需求

明确网站的目的、目标群体和用户需求是企业网站建设的首要原则。建设网站前，企业需要明确几个问题：

(1) 建设网站的目的是什么？是提供产品信息，是销售产品，还是提供顾客服务？

(2) 网站面对的主要顾客是供应商、中间商还是终端消费者？或者是其中的几个？

(3) 网站目标受众的特点是什么？企业产品或服务适合怎样的表现方式(风格)？

(4) 在企业目前的资源(专业人员、技术、资金等)约束下，企业实现预定目标的可能性如何？如果目标比较宏大，应该考虑各阶段的轻重关系和实现难易程度，分清主次、循序渐进。

(二) 主题鲜明，彰显企业特色

网站应具备鲜明的主题，展示企业特色。所谓主题鲜明，并不是要标新立异，而是需要使企业文化和竞争优势得以在网络空间延伸和发展。比如，IBM公司号称蓝色巨人，它的网站也是以蓝色基调为主。所以，网站需要在总体目标的基础上，对网站的整体风格和专业特色做出定位。不同类型的网站可以采取不同的网站组织结构和方式，但不论具体形式如何，网站提供的功能服务应该是符合浏览者实际需求及企业自身特点的。

(三) 注重网站的系统性和层次性

动态网站的建设涉及众多环节，是一项系统工程，需要从系统的角度合理组织规划和建设。在建设过程中，要保证网站具有一个清晰的结构，网站的栏目划分合理，信息浏览和获取容易，结构和导航要模块清晰，条理明确，让用户知道自己在网站上所处的位置，并且跳转方便。

(四) 网页设计技术与内容统一

网页设计已经形成了一种独立的艺术形式，具有自己的图形设计原则和排版原则。网站的版式设计通过文字图形的空间组合，可以表达出和谐与美。网站运用对比与调和、对称与平衡、节奏与韵律，以及留白等手段，通过空间、文字、图形、色彩之间的相互关系来建立整体的均衡状态，构成美观的页面。点、线、面作为视觉语言中的基本元素并不是孤立的，很多时候都需要将它们结合起来，可以在网站设计中互相衬托、互相补充，以表达完美的设计意境。

但是，页面设计的艺术性再高，它也是为内容服务的，形式语言必须符合页面的内容。网站的页面编排设计需要把页面之间的有机联系反映出来，要处理好页面之间和页面内的秩序与内容的关系，整体设计应该很好地体现出企业的形象。

(五) 注重网站的功能性

网站设计得再华丽、技术再先进，如果没有人访问和使用也就毫无价值，所以网站建设中必须体现出其功能。网站的功能性体现在以下几个方面：

1. 提供适当的访问速度

企业需要根据用户人数、访问量的大小等因素，决定服务器接入方式、租用带宽等问题。需要注意的是，企业不能盲目追求速度，用户量较小的企业可能无法负担较贵的服务器和带宽租赁费用。

2. 注意维护更新

网站的不断更新使网站显得更有生命力，企业对网站内容的不断更新，有利于让用户在第一时间了解企业的产品或服务信息，这对于企业建立良好的企业形象，增强用户对网站的信任十分重要。

3. 保持网站的互动性

互动性是互联网的特性之一，企业网站建设必须很好地利用这一特性。网站需要能够吸引用户的互动参与，鼓励用户参与，利用互动功能的优势来实现其他媒体所不能具备的在线服务功能，如网络调查、网上直播、网上发布、网上评选、网上订货等，引起用户的兴趣，从而实现网络营销的目的。

第四节　自建App创业

随着移动互联网的快速发展，智能手机中的App应用得到了众多网民的认可，使得越来越多的创业者也选择自建App来完成自己的创业梦想。目前，自建App创业也逐步成为网上创业的一种常用方式，它具有许多与第三方平台开店和网上自建网站不同的特点和内容。

一、App简介

由于智能手机的流行，App(Application的缩写，意为应用程序)一般指手机软件，就是安装在智能手机上的第三方应用软件，以便完善原始系统的不足，满足使用者的个性化需求。随着科技的发展，现在智能手机的功能越来越多，App应用也越来越强大，可以满足人们的咨询、购物、社交、娱乐和搜索等需求。

二、App开发流程

(一) App设计步骤

制作一款App，首先必须要有相关的思考，即第一步是App设计思想的形成。其次就是通过设计思想来进行App的主要功能设计及大概的界面构思和设计。然后进行大功能模块代码编写及大概的界面模块编写。在界面模块编写之前，开发者可以在模拟器做大的功能开发。在功能开发的过程中要注意内存的使用，这也是在手机系统开发上最重要的设计思维。最后把大概的界面和功能连接后，App的大致样本就出来了。

(二) 功能测试

(1) 在App的设计样本出来之后，还要试用和体验几遍，然后根据情况进行修改。

(2) App开发完成后可以加入产品的图标和部分用户界面图片，如果没有发现明显的错误，可以尝试寻找用户来测试一下。在产品设计和开发过程中，找一些测试用户参与是非常有必要的，可以快速发现问题、提高产品质量。

(3) 根据测试用户的反馈，进行一系列的修订。

(4) 在App测试完成后，加入应用图标、功能按钮等用户界面操作元素，反复测试无错误后上传至主流手机应用商店，等候审核批准。

三、App开发与创业

(一) App开发选择平台

平台的选择取决于创业者构建的应用类型和目标用户群体。如果创业者想要出售应用，那么可以将它投放到应用商店中；如果创业者需要访问其他设备，那么可以选择本土化路径或使用AIR、PhoneGap和Titanium之类的包装器。影响平台选择的因素很多，不存在最完美的App应用平台，创业者需要寻找适合自己的。

（二）App开发要定位精准

虽然目前App数量早已以百万计，但仍有新的App应用可待挖掘。开发者要清楚目标用户群体拥有哪种特定的刚性需求，针对这类用户群体的特点进行详细研究分析后，再设计能满足他们需求的App应用，做到定位精准。

（三）App开发要专业化

目前市场上的App，功能类似的产品非常多。所以，创业者进行App开发时一定要专业化，专注于设计专业化的App产品，独辟蹊径，还要保证产品的功能完善、操作流畅，这样才有可能在同类App产品的竞争中脱颖而出。

（四）App产品需要完善的营销组合

由于目前市场上同类App产品非常多，所以App开发上市后，需要完善的营销组合来宣传推广应用，即把传统媒体也纳入网络媒体推广的体系中去，将线上推广和线下推广相结合。线下主流媒体依旧是App产品推广的重要领域，线上移动广告也有其优势，比如获得可以评估的结果、实时报告和互动等。因而，将线上和线下推广密切结合，才能将创业者的App产品信息在准确的地点传递给目标消费者，从而达到并超过预期效果。

第五节 创业项目计划书

一般创业者在进行创业项目之前，要先写一份创业项目计划书，为创业项目的顺利进行打好基础。

一、计划摘要

计划摘要应列在创业项目计划书的最前面，是创业项目技术书的精华。计划摘要涵盖了计划的要点，要求一目了然，以便读者能在最短的时间内评审计划并做出判断。

计划摘要一般要包括以下内容：公司介绍，主要产品和业务范围，市场概貌，营销策略，销售计划，生产管理计划，管理者及其组织，财务计划，资金需求状况等。

在介绍企业时，首先要说明创业者的思路，新思想的形成过程及企业的目标和发展战略。其次，要交代企业的现状、过去背景和企业的经营范围。在这一部分中，要对企业以往的情况做客观的评述，不回避失误。中肯的分析往往更能赢得信任，从而使投资者容易认同企业的创业项目计划书。最后，还要介绍一下创业者自己的背景、经历、经验和特点等。创业者的素质对企业的成绩往往起关键作用。在这里，创业者应尽量突出自己的优点并表示自己强烈的进取精神，以给投资者留下好印象。

在计划摘要中，企业还必须回答下列问题：企业所处的行业，企业经营的性质和范围；企业主要产品的情况；企业的市场在哪里，谁是顾客，顾客有哪些需求；企业的合伙人、投资人是谁；企业的竞争对手是谁，竞争对手对企业的发展有何影响。

二、产品(服务)介绍

在进行投资项目评估时，投资者最关心的问题之一就是：企业的产品、技术或服务能否或在多大限度上解决现实生活中的问题；企业的产品(服务)能否帮助顾客节约开支、增加收入。因此，产品(服务)介绍是创业项目计划书中必不可少的一项内容。通常，产品(服务)介绍应该包括以下内容：产品的概念、性能及特性；主要产品介绍；产品的市场竞争力；产品的研究和开发过程；发展新产品的计划和成本分析；产品的市场前景预测；产品的品牌和专利。

在产品(服务)介绍部分，创业者要对产品(服务)做出详细的说明，说明要准确，也要通俗易懂，使不是专业人员的投资者也能明白。一般情况下，产品(服务)介绍都要附上产品原型、照片或其他介绍。介绍中一般要回答以下问题：顾客希望企业的产品能解决什么问题，顾客能从企业的产品中获得什么好处？企业的产品与竞争对手的产品相比有哪些优缺点，顾客为什么会选择本企业的产品？企业为自己的产品采取了何种保护措施，企业拥有哪些专利、许可证或与已申请专利的厂家达成了哪些协议？为什么企业的产品定价可以使企业产生足够的利润，为什么顾客会大批量地购买企业的产品？企业采用何种方式去改进产品的质量、性能，对开发新产品有哪些计划等。

三、人员及组织结构

有了产品之后，创业者第二步要做的就是组织一支有战斗力的管理队伍。企业管理的好坏，直接决定了企业经营风险的大小，而高素质的管理人员和良好的组织结构则是管理好企业的重要保证。因此，风险投资者会特别注重对管理队伍的评估。

企业管理人员应该是互补型的，而且要具有团队精神。一个企业必须要具有负责产品设计与开发、市场营销、生产作业管理、企业财务管理等方面的专门人才。在创业项目计划书中，必须要对主要管理人员加以阐明，介绍他们所具有的能力，他们在本企业中的职务和责任，他们过去的详细经历及背景。此外，在这部分创业项目计划书中，还应对公司结构做简要介绍，包括公司的组织机构图；各部门的功能与责任；各部门的责任人及主要成员；公司的报酬体系；公司的股东名单，包括认股权、比例和特权；公司的董事会成员，各位董事的背景资料等。

四、市场预测

当企业要开发一种新产品或向新的市场拓展时，首先要进行市场预测。如果预测的结果并不乐观，或者预测的可信度让人怀疑，那么投资者就要承担更大的风险，这对风险投资者来说是不可接受的。市场预测首先要对需求进行预测：市场是否存在对这种产品的需求？需求程度是否可以给企业带来所期望的利益？新的市场规模有多大？需求发展的未来趋向及其状态如何？影响需求的都有哪些因素。其次，市场预测还要包括市场竞争的情况，即对企业所面对的竞争格局进行分析：市场中主要的竞争者有哪些？是否存在有利于本企业产品的市场空当？本企业预计的市场占有率是多少？本企业进入市场会引起竞争者怎样的反应，这些反应对本企业会有什么影响等。

在创业项目计划书中，市场预测应包括以下内容：市场现状综述；竞争者概况；目标顾客和目标市场；本企业产品的市场地位。创业者所面对的市场，本来就具有变幻不定、难以捉摸的特点，所以创业者应尽量扩大收集信息的范围，重视对环境的预测和采用科学的预测手段与方法。创业者应牢记的是，市场预测不是凭空想象出来的，对市场错误的认识是企业经营失败的最主要原因之一。

五、营销策略

营销是企业经营中最富有挑战性的环节，影响营销策略的主要因素有：消费者的特点；产品的特性；企业自身的状况；市场环境方面的因素。最终影响营销策略的则是营销成本和营销效益因素。

在创业项目计划书中，营销策略应包括以下内容：市场机构和营销渠道的选择；营销队伍和管理；促销计划和广告策略；价格决策。对创业企业来说，由于产品和企业的知名度低，很难进入其他企业已经稳定的销售渠道中去。因此，创业者不得不暂时采取高成本低效益的营销战略，如上门推销，大打商品广告，向批发商和零售商让利，或交给任何愿意经销的企业销售。对于发展中的企业来说，一方面可以利用原来的销售渠道，另一方面也可以开放新的销售渠道以适应企业的发展。

六、制造计划

创业项目计划书中的生产制造计划应包括的内容为：产品制造和技术设备现状；新产品投产计划；技术提升和设备更新的要求；质量控制和质量改进计划。

在寻求资金的过程中，为了增大企业在投资前的评估价值，创业者应尽量使生产制造计划更加详细、可靠。一般情况下，生产制造计划应回答以下问题：企业生产制造所需的厂房、设备情况如何；怎样保证新产品在进入规模生产时的稳定性和可靠性；设备的引进和安装情况，谁是供应商；生产线的设计与产品组装是怎样的；供货者的前置期和资源的需求量；生产周期标准的制定及生产作业计划的编制；物料需求计划及保证措施；质量控制的方法是怎样的；相关的其他问题。

七、财务规划

财务规划需要花费较多的精力来做具体分析，其中就包括现金流量表、资产负债表及损益表的制备。流动资金是企业的生命线，因此企业在初创或扩张时，对流动资金需要有预先周详的计划和进行过程中的严格控制；损益表反映的是企业的赢利状况，它是企业在一段时间运作后的经营结果；资产负债表则反映某一时刻的企业状况，投资者可以用由资产负债表中的数据得到的比率指标来衡量企业的经营状况及可能的投资回报率。

财务规划一般要包括以下内容：创业项目计划书的条件假设；预计的资产负债表；预计的损益表；现金收支分析；资金的来源和使用。可以说，一份创业项目计划书概括地提出了在筹资过程中创业者需做的事情，而财务规划则是对创业项目计划书的支持和说明。

随着互联网的深入应用，产生了越来越多的商机，众多企业和个人也纷纷加入到互联网创业当中，互联网上一个又一个的网络创业传奇，不断地激励着那些有创业意愿却还没有实践的人们。虽然，与传统的创业模式相比，互联网创业门槛比较低，对资金、创业形式和技术手段等各方面的要求都不是很高，但它同时对企业了解网络客户需求、反应速度、数据分析和网络公共关系等各个方面都提出了更高的要求，需要互联网创业者做好创业计划。

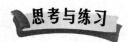

本章小结

本章首先分析了网上创业的前期准备工作，包括网络创业的整体规划、互联网创业前的抉择、必备的互联网创业工具及网店的工商注册；然后详细阐述了如何利用第三方平台网上开店，包括选择网络创业平台、网上开店基本流程；探讨了如何自建网店创业，包括网站注册的要点、网络服务提供商的选择、网站的建设框架、网站规划设计、网站经营与组织管理；详细阐述了如何自建App创业，包括App简介、App开发流程、App开发注意事项；最后介绍了如何撰写创业项目计划书，包括计划摘要、产品(服务)介绍、人员及组织结构、市场预测、营销策略、制造计划和财务规划。

思考与练习

实践训练 ▶▶

一、实训背景

某创业型企业是一个销售各种品牌自行车及其零部件的国内大型连锁公司，随着网络全面地渗透到企业运营和个人生活当中，为了更好地吸引众多的网络客户、开拓网上销售渠道、提高公司管理各类客户的能力及综合竞争力等，该公司决定制定自己的互联网创业计划，为企业的可持续发展打好基础。

二、实训内容

对企业情况进行分析，制订该企业的互联网创业计划。实训基本思路和步骤如下：

1. 根据企业需要和发展规划，确定该企业的互联网创业计划思路。

2. 分析主要目标顾客的需求，制订利用第三方平台开设网上店铺的详细计划。

3. 根据企业现状、业务现状和发展趋势，制订建设企业网站的详细计划。

4. 根据企业现状、业务现状和移动商务发展趋势，制订建设企业App应用的详细计划。

5. 根据企业现状、业务发展和需求，制订将第三方平台上的网店、自己的企业网站和App应用密切融合的详细计划。

三、实训方法

1. 分组，2～3人一组。

2. 对企业的实际情况进行具体分析，制订该企业的互联网创业计划。

四、实训要求

1. 按要求进行企业的互联网创业计划制订练习，记录分析过程。

2. 以"企业互联网创业计划练习"为题目，撰写实训报告一份。实训报告的内容要求为：

(1) 由小组共同完成报告，字数在2000字以上。

(2) 对相关信息进行收集和整理，并编写配有图表的数据分析报告和结论。

(3) 报告应做到主题突出，收集的信息及数据表达清晰，分析和结论合理，文字叙述流畅、无错别字。

(4) 列出所查询的网站网址、参考文献的标题和作者。

简答题 ▶▶

1. 网上开店需要进行的前期准备工作有哪些？

2. 网上开店的基本流程有哪些？

3. 什么是ICP许可证？

4. 获得ICP许可证的条件有哪些？

5. 如何进行网站数据管理分析？

6. 网站规划设计需要考虑哪些因素？

7. 创业项目计划书包括哪几个部分？

案例分析题 ►►

"VIPKID——美国小学在家上"的创业成功思考

米雯娟是VIPKID的创始人，她经过大量的市场调研发现：多数人对于英语培训机构的了解只停留在新东方、环球雅思、华尔街等少数几家培训机构，更多人关注的是成人英语教育，如托福、雅思培训。在线英语教育，特别是儿童在线英语教育资源极度匮乏。因此，2013年10月创始之初，VIPKID将学员锁定为4～12岁的、来自中高端收入家庭的儿童，致力于整合全世界最优秀的北美外交，通过1对1实时在线视频学习平台，给中国小朋友提供个性化的学习体验。

一、定位高端

在线教育的创业公司一浪接一浪，成功的却不多。大多数公司，都选择了免费或者廉价的路径，通过题库、视频录播、MOOC等方式，让学生按照自己的节奏学习语言。这种方式对于学生的自主学习能力要求很高，过程枯燥乏味，以至于普通用户很难坚持下去。

米雯娟认为，中国的家长重视教育，更多是希望自己的孩子能够有真正的成长、能力的收获，因此便宜但没有效果的课程，对他们来说就是一种浪费。

与传统的在线教育创业公司先通过免费产品获取巨大用户量，再慢慢探索商业化的路径不同，VIPKID走了一条相反的路径。米雯娟希望VIPKID可以为国内孩子提供全球范围内最好的教学资源。北美是全球最大的留学目的地，想让孩子在最初学英语的时候就学到纯正的口音，北美外教无疑是最明智的选择。

二、打磨产品

米雯娟回忆，产品的打磨期是VIPKID最困难的时刻。在这个过程中，VIPKID创造出两项行业第一：一方面，组建了一支超过400人、平均教研经验超过8年，外籍教师比例达15%的教研团队；另一方面，VIPKID成为国内唯一一家具备大规模自主研发能力的在线教育科技公司。

同时，VIPKID最早以共享的方式轻巧地撬开了北美外教资源。在VIPKID平台上的外教并非全职员工，他们大多是利用自己的空闲时间进行授课，自由之余还能获得额外收入。

三、提升技术

VIPKID有好老师、一对一的上课模式、好教材、好服务，但如何让这个系统链路中的每一个人的效率都最高、体验最好，得到赋能，就需要技术去发挥巨大的作用了。

在VIPKID，一千多人的技术团队保障了视频的流畅和稳定性，还会通过技术给学生很独特的画像，让老师能够了解孩子的特点，更好地和孩子互动。互联网技术被应用到外教招募、课堂评估，学习效果评估等环节，未来还将更深入地改造整个在线教育的产业链条。

四、拓宽产品

4～12岁，是VIPKID最初锁定的学员年龄；1对1在线视频，是VIPKID最初打造的产品模式。然而，当1对1的模式成为一片红海，不同品牌都面临着产品同质化竞争加剧、教酬成本居高不下而导致利润率偏低等一系列的问题。

因此，VIPKID的产品策略也随之发生了调整。2017年，VIPKID孵化并上线了主要面向4～12岁儿童的"1对4小班课"产品。根据公开数据，小班产品试运营接近半年时间后，月营收就突破了1000万元。

如何吸引不同年龄层的用户群体，争夺更多的流量入口，成为新一阶段VIPKID抢滩在线教育高地的关键。

讨论：

1. 总结VIPKID创业过程中的重点环节有哪些。

2. 思考创业者在创业过程中需要注意哪些环节？

参考文献

[1] 赵大伟. 互联网思维：孤独九剑[M]. 北京：机械工业出版社，2014.

[2] 黄海涛. 互联网思维盈利模式[M]. 北京：人民邮电出版社，2014.

[3] 刘楠，胡皓. 互联网思创业密码[M]. 北京：电子工业出版社，2014.

[4] 史达. 网上创业实务[M]. 大连：东北财经大学出版社，2011.

[5] 张冬青. 电子商务创业实践研究[M]. 哈尔滨：黑龙江大学出版社，2013.

[6] 胡保坤. App营销实战[M]. 北京：人民邮电出版社，2015.

[7] 夏雪峰. App营销[M]. 北京：人民邮电出版社，2015.

[8] [美]Brian Solis. 互联网思维 传统商业额的终结与重塑[M]. 周蕾，廖文俊，译. 北京：人民邮电出版社，2015.

[9] [美]戴夫·柯本，特蕾莎·布朗，瓦莱丽·普理查德. 互联网新思维 未来十年的企业变形计[M]. 钱峰，译. 北京：中国人民出版社，2015.

[10] 熊友君. 移动互联网思维 商业创新与重构[M]. 北京：机械工业出版社，2015.

[11] 秋叶，刘勇. 新媒体营销概论[M]. 北京：人民邮电出版社，2016.

[12] 茶文. 互联网爆破术：快速掌握互联网运营全链条实战技巧[M]. 北京：电子工业出版社，2018.

[13] 徐志斌. 小群效应[M]. 北京：中信出版集团，2017.

[14] 大数据产业生态联盟，赛迪顾问. 2019中国大数据产业发展白皮书[R]. 北京：软件和集成电路杂志社，2019.

[15] 威瑞森. 数据泄露调查报告(DBIR)[R]. 2019(8).